슬기바다 **09**

손자병법

손무(孫武) 지음 | 유동환 옮김

홍익

옮긴이의 말

.
.
.

『손자병법』을 펴내며

이제 손무라는 인물과의 열병 같은 사랑에 마침표를 찍어야 될 시간이 되었나 보다. 이번에 옮긴『손자병법』은 내 이름만으로 펴낸 세 번째 작품이다. 뭐든지 삼세판이라는 말이 있는데, 여전히 아쉬움과 욕심을 뒤로 할 수밖에 없으니 아직은 멀었나 보다.

얼마 전 내가 옮긴『몽구』와『안씨가훈』을 읽고 어떤 독자가 짧은 엽서 한 장을 보내 왔다. 손수 엽서를 적어 준 성의, 여러가지 따끔한 지적과 격려가 몹시도 고마웠다. 아마도 그 분은 정통 한학을 하신 분인지 이런 지적을 해주셨다. "같은 한학자로서 고인(古人)과 고문(古文)에 대한 경외감이 조금이라도 있다면 원문과 현토가 있는 다음에 직역을 하고 의역을 해야 되지 않겠는가?" 나로서는 수긍하기 어려운 점이 있어서 지면을 빌어 짧게 답변하겠다.

먼저 나는 한학자, 아니 한학도도 못되는 사람이다. 한학도로서 정체감을 가질 만한 수업 과정을 갖지 못했을 뿐만 아니라, 여러 참고서를 보고 더듬거리며 읽을 만큼 한문 실력도 보잘것없다. 더구나 내가 지향하는 바는 철학도의 길이지, 한학도의 길이 아니다. 내가 고전을 읽는 솔직한 이유는 그 고전이나 그 고전 속의 옛사람을 경외하기 때문도 아니다. 오히려 어떻게 하면 내 눈높이까지 끌어내려서 한 번이라도 대등하게 대화해 볼 수 있을까가 내 화두일 뿐이다. 그러므로 원문 역시 그 대화의 세계로 들어가는 문일 뿐이다. 문은 거쳐 지나가야 할 대상이다. 문짝을 떼어다가 아무 곳에나 세운다고 그 문짝 안이 의미로운 세계가 될 리가 만무하다. 우리는 '지금' '우리'의 말로 이야기를 나누어야 하고 그런 의미에서 한자로 된 글인 한문은 '죽은 언어'일 뿐이다. 현토에 대해서는 가소로워서 말하기 싫은 부분이다. 'I am a boy' 사이에 토를 붙인다면 어떻게 될까?

마지막으로 직역과 의역의 구분도 사실은 책 두께를 늘려서 책값을 더하려는 의도가 아니라면 아무 필요가 없는 군더더기일 터이다. 번역은 반역이라 했다. 무슨 뜻일까? 지금의 우리들이 최소한의 약속만으로도 충분히 읽고 즐길 수 있어야만 고전은 계속해서 살아 남을 것이라고 믿는다. 다양하고 입체적인 고전 읽기가 수용되고, 진정으로 고전 속의 세계를 보는 '눈'을 놓고 논쟁해 볼 수 있었으면 하는 마음 간절하다.

　이번의 『손자병법』 읽기는 지금까지의 작업과 달리 마음먹고 해본 '교과서 만들기'였다. 『손자병법』은 지금까지 무척이나 많이 소개되었다. 짧은 원문 옮김과 주석 그리고 삼국지에서 나폴레옹으로 이어지는 매우 긴 전쟁 이야기, 거기다 처세의 교훈들을 덧칠한 책들이 대부분이었다. 그러나 『손자병법』은 그렇게 쉽게 읽히고 함부로 견강부회할 수 있는 책이 아니다. 지금 보는 『손자병법』은 정말 손자가 지은 그 병서가 맞는지, 원문 속의 글자는 뒤바뀌거나 빠지지는 않았는지 매우 논쟁이 많고 까다로운 책이다. 다행히 원래의 『손자병법』의 모습을 확인할 수 있는 대나무 책이 2,000여 년의 시간을 넘어서서 우리 앞에 나타났다. 바로 한대 은작산 죽간본 『손자병법』의 등장이다.

　그런데 필자가 무식해서 그런지 그 대나무 책을 대조해서 원형을 확인하는 작업(사실은 중국학자들의 작업을 들여오는 일이지만)을 거친 작품은 그 많은 『손자병법』 가운데 없어 보인다. 더구나 13편의 『손자병법』 외에 또 다른 『손자병법』이 존재한다는 점조차 전혀 관심 밖에 있다. 이 책은 최소한 그 점에서 교과서이다. 현재 전하는 13편으로 되어 있는 『손자병법』과 새로 발견된 『손자병법』가운데 판독이 가능한 부분을 우리말로 옮겨 보았다. 부서진 조각 속에서 되살려낸 『손자병법』은 매우 초라하고 상상력으로 메운 부분이 많지만 보다 넓은 『손자병법』의 세계로 다가가는 첫발이라 믿는다.

그 다음으로 이 책은 손무가 상정하지 않은 후대의, 아니 서양의 전쟁 사례를 함부로 끌어다 붙이는 방식보다는 손무의 시대로 손무를 해석하는 '이손해손'(以孫解孫)의 태도를 취하였다. 게다가 연구자들의 고질병인 '각주 강박증'을 마음껏 부려 보면서 춘추시대 말기의 오나라라는 시간과 공간으로 날아가 보았다. 손무는 간단한 인물이 아니다. 단순히 전쟁만 잘 치른 군사 참모가 아니라, 인간 삶의 가장 치열한 표현인 전쟁을 통해서 세계와 역사 전체를 통찰한 철학자이다. 게다가 그는 전쟁이 정치와 경제를 비롯한 모든 현실 생활에 어떤 영향을 미치는지 충분히 숙고하고 이를 이론으로 승화시킨 사회과학자이기도 하다. 그래서 이 책은 그런 손무의 생각에 가장 가깝게 다가가는 데에 힘을 기울였다.

그러면 손무가 가장 중요시 했던 것은 무엇일까? 옮긴이의 짧은 소견으로는 아마도 '계산'이었던 것 같다. 적을 알고 나를 안다는 '지피지기'의 과정이 바로 그것이다. 상대와 나에 대한 충분한 데

이터를 모으고 축적하고 이를 과학적으로 분석하여 실제 상황을 냉정하게 추정해 보고 설계도를 그리듯 전략 전술을 세우는 작업은 바로 '계산'의 태도이다. 그러니 피를 뿌리며 치고 박는 흔히 보이는 전투 장면은 다만 이 계산의 마지막 검산 작업에 지나지 않을 것이다. 이제 『손자병법』의 세계로, 손무의 세계로 다가서 보자.

여전히 남은 작업이 있다. 유동환이 풀어 낸 손자의 세계, '이유해손'(以劉解孫)의 세계는 이번 작업에서 이루지 못한 부분이다. 다음 기회를 다짐하는 상투적인 변명으로 대신하면서 독자들의 따끔한 충고를 기다리겠다. 마지막으로 이 원고를 읽고 잘못을 바로잡아 준 백선해 동학에게 감사드린다. 그리고 사물을 대하는 따뜻한 감수성을 물려주신 어머니에게도 감사드리면서 옮긴이의 말을 대신한다.

1999년 5월 14일
방학동 두루재에서
유동환 삼가 적다

『손자병법』

옮긴이의 말 ·· 3

전쟁 미학의 극치, 『손자병법』 ······································· 13

1. 계획 〔計, 始計〕 ··· 61

2. 작전 〔戰, 作戰〕 ··· 73

3. 전략 〔攻, 謀攻〕 ··· 83

4. 형세 〔形, 軍形〕 ··· 93

5. 기습 전술 〔勢, 兵勢〕 ··· 101

6. 기만 작전 〔虛實〕 ··· 111

7. 작전 목표 〔軍爭〕 ··· 123

8. 임기응변 〔九變〕 ··· 135

9. 이동과 정찰 〔行軍〕 ··· 141

10. 자연 지리 〔地形〕 ··· 153

11. 지형 활용 〔九地〕 ··· 163

12. 초토화 작전술 〔火攻〕 ··· 183

13. 정보전 〔用間〕 ··· 191

14. 2,500년만에 부활한 새로운 손자 ·· 199

　　(1) 오나라왕을 만나다 〔見鳴王〕 ······································ 200

　　(2) 오나라왕이 묻다 〔鳴問〕 ·· 212

　　(3) 네 가지 변화 〔四變〕 ··· 219

　　(4) 황제가 적제를 토벌하다 〔黃帝伐赤帝〕 ······················ 225

　　(5) 지형 두 번째 〔地形二〕 ··· 234

15. 남은 이야기, 손무의 마지막 ·· 237

찾아보기 ·· 249

孫子十家註卷一

陽湖孫星衍　吳人驥　同校　　皖城楊霖萱重刊

計篇

〔曹公曰：計者，選將、量敵、度地、料卒、遠近、險易，計於廟堂也。李筌曰：計者，兵之上也。太乙、遁甲，先以神加德宮，以斷主客，然後定計。杜牧曰：計，算也。曹公曰「選將、量敵、度地、料卒、計於廟堂」者，蓋蒐乘補卒，以益軍實，先料敵之眾寡。王子曰：明君慎戰，良將不輕。王氏舉先動者。王晳曰：計者，謂計其事也。凡事皆先計而後動。張預曰：管子曰「計先定於內，而後兵出境」，故用兵之道，以計為首也。或曰：兵貴臨敵制宜，曷可豫有定謀。答曰：先王之道，以計為首，及臨敵制宜，變動相應，則在於將之所裁，非可以豫度也。〕

孫子曰：兵者，國之大事，

杜牧曰：傳曰國之大事，在祀與戎。　張預曰：國之安危在兵，

故講武練兵，實先務也。

死生之地，存亡之道，不可不察也。

「손자십가주」

전쟁 미학의 극치, 『손자병법』
— 언제나 이기는 자는 최후의 승자가 될 수 없다

역사 속에서 걸어 나온 손자

여러 옛 자료를 통해 보면 손무(孫武)는 자가 장경(長卿)이며 제나라 낙안(樂安, 지금의 山東省 惠民縣) 출신이며 언제 태어나 언제 죽었는지 뚜렷한 기록이 없다. 다만 공자(孔子, 기원전 551년~기원전 479년)와 비슷한 시대로 추정하고 있다.

손무의 조상은 진(陳)나라의 왕족으로 본성이 규(嬀)씨였으나, 기원전 627년 공자(公子) 완(完)이 제(齊)나라로 망명하여 정착한 뒤 전(田)씨로 성을 바꾸고 100여 년 동안 번성하였다. 그 뒤 손무의 할아버지인 전서(田書)가 거(莒) 땅을 정벌하는 데 공을 세워서 경공(景公)이 손씨 성을 내려 주었다.

손무 때에 와서 제나라에 내란이 일어나자, 그는 정처 없이 떠도는 신세가 되었다. 그러다가 오(吳)나라에 도달하여 오자서(伍子胥)를 만나고 그를 통해서 오나라왕 합려(闔閭)와 운명적인 만남을 이루게 된다. 그 이후의 삶에 대해서는 별로 알려진 정보 없이 수수께끼에 둘러싸여 있다. 다만 정사인 『사기』(史記) 65권에 전략가이면서 개혁가인 오기(吳起)와 함께 「손자오기열전」(孫子吳起列傳)에 매우 짧은 기록이 실려 있다. 한 번 살펴보자.

손자는 이름이 무이고 제나라 사람이다.

병법을 가지고 오나라왕 합려를 만나러 갔다. 합려가 물었다. "그대의 병서 13편은 내 모두 읽었다네! 그런데 시험삼아 군대를 지휘하여 보여 주지 않겠는가?" 손무가 대답하였다. "좋습니다." 그러자 합려가 이렇게 제안하였다. "여자들이라도 괜찮은가?" 손무가 대답하였다. "상관없습니다."

그러자 허락을 받아 궁중의 미녀 180명을 불러 모았다. 손무는 미녀들을 두 부대로 나누고, 왕이 사랑하는 궁녀 두 명에게 각각 대장으로 임명한 다음 모두에게 창을 들게 하였다. 그리고 이렇게 명령하였다. "너희들 자신의 가슴과 좌우의 손과 등이 어딘지 알고 있겠지!" 그러자 여인들이 대답하였다. "압니다." 그러자 손무가 말하였다. "내가 '앞으로'라고 하면 가슴을 보고, '왼쪽으로'라고 하면 왼손을 보고, '오른쪽으로'라고 하면 오른손을 보고, '뒤로'라고 하면 등을 보아라!" 여인들이 대답하였다. "네! 알겠습니다."

이렇게 약속을 정하고 왕이 전권을 맡긴다는 상징인 도끼를 설치한 다음에, 몇 번이고 거듭해서 명령 내용을 가르쳤다. 드디어 북을 울려 '오른쪽으로'라고 신호하였지만, 여인들은 '와' 하며 자지러지게 웃었다. 그러자 손무는 말하였다. "약속 내용이 분명하지 않고, 명령이 철저하지 않은 것은 장수인 나의 잘못이다." 다시 한 번 반복해서 명령을 가르친 뒤에 북을 울려 이번에는 '왼쪽으로'라고 신호하였다. 그런데도 그녀들은 또다시 '와' 하며 크게 웃기만 하였다.

손무는 말하였다. "약속 내용이 분명하지 않고, 명령이 철저하지 않은 것은 장수의 죄이다. 그러나 이미 분명하게 알려 주었는데도 약속을 정한 대로 하지 않은 것은 부대장의 죄다." 그리고는 오른쪽과 왼쪽의 두 부대의 대장을 베어 죽이려고 하였다.

오나라왕은 누각 위에서 구경하다, 사랑하는 궁녀의 목이 달아나게 되었으므로 크게 놀라고 당황하여 전령을 보내 지시를 전하였다.

"과인은 이미 장군이 훌륭하게 군대를 지휘할 수 있다는 것을 충분히 알게 되었소. 과인은 이 두 여인이 없다면 아무리 좋은 먹거리를 먹더라도 무슨 맛인지 모를 것이오. 그러니 제발 베지 말아 주시오."

그러자 손무는 이렇게 대답하였다.

"저는 이미 왕의 명령을 받아 장수에 임명되었습니다. 장수가 군대 안에 있을 때는 아무리 군주의 명령이라도 받아들이지 않는 법입니다!"

말이 끝나자 마자, 두 대장을 베어 죽여서 그 목을 본보기로 내걸었다. 그리고 그 다음으로 사랑하는 궁녀 두 사람을 대장에 임명하였다. 이렇게 하고 나서 북을 울리자, 여인들은 왼쪽, 오른쪽, 앞, 뒤뿐만 아니라 무릎 꿇고 일어서는 것까지, 모두 자로 재고 먹줄을 띄운 듯 명령대로 딱 맞게 행동하여, 누구 한 사람 웃기는커녕 찍소리도 내는 사람이 없었다.

이 모양을 지켜 본 손무는 누각 위로 전령을 보내 왕에게 보고하였다.

"부대의 훈련이 완전히 마무리되었습니다. 왕께 시험해 드리고자 하니 내려오셔서 보십시오. 왕께서 바라신다면 불구덩 안이나 물 속이라도 뛰어들게 할 수 있습니다."

그 말을 듣고 합려는 말하였다.

"장군은 그만 끝내고 숙소로 가서 쉬도록 하라. 과인은 내려가 보고 싶지 않다."

그러자 손무가 말하였다.

"왕께서는 그저 병서에 쓰여진 글자를 말하는 것만 좋아하시지, 병서의 내용을 실제로 쓰시지는 못하는군요."

이리하여 합려는 손무가 용병술에 뛰어남을 알고, 이윽고 그를 오나라의 장수로 임용하였다. 오나라가 서쪽으로는 강대국 초(楚)나라를 쳐부수고 수도 영(郢) 땅까지 쳐들어가고, 북쪽으로는 제(齊)나라와 진(晉)나라를 벌벌 떨게 만들어 제후들 사이에 이름을 떨친 것도 손무의 힘이 컸다.

손무가 죽은 뒤 백여 년이 지나 손빈이 태어났다.……

이것이 위대한 역사가 사마천(司馬遷)이 남긴 손무의 기록 전부이다. 거기에 그려진 손무라는 사람의 인상은 대단히 막연한 것이었다. 기껏 여기에서 읽어낼 수 있을 정보라면, 그가 제나라 사람이었다는 점, 오나라왕과 만나기 전에 13편 분량의 병서를 지었다는 점, 오나라의 장군으로 초나라와 제나라 그리고 진나라 등 주변국들을 물리치며 눈부신 활약을 하였다는 점의 세 가지에 지나지 않는다. 손무를 『손자병법』 13편의 지은이로 보는 입장은 예로부터 이어져온 견해이지만, 이것만으로는 『손자병법』의 지은이가 손무라고 단정하기는 조금 부족하다고 할 수 있다.

먼저 이에 대해서 논증하는 것은 뒤로 미루고 먼저 그가 살았던 춘추시대의 시대 상황과 전쟁 형태에 대해서 살펴보기로 하자.

춘추시대 중원의 전쟁

손무는 원래 제나라 사람이었는데, 바로 이 제나라는 황하문명의 중심지인 중원(中原, 황하 유역) 문화권에 속해 있다. 바로 이 시대 중원에서의 전쟁 형태를 살펴보자.

먼저 당시 각 제후국들은 제후(諸侯)경(卿)대부(大夫)사(士)민(民)이라는 신분 계층으로 나뉘어져 있었다. 이 가운데 군인으로서 전투에 참가할 수 있는 신분은 사 이상으로 한정되었다. 장군은 아직 전문적인 관직이 아니라 주로 왕족이나 경·대부에 속하는 귀족 가운데 군주가 때에 따라 임명하였다. 이와 같이 춘추시대 중원의 군대는 특권을 지닌 귀족 신분의 군인들에 의해서 구성되었다.

그러므로 동원할 수 있는 병력은 당연히 한계가 있었다. 춘추시대 전기에는 진(晉)나라가 초(楚)나라를 깨서 패자(覇者)의 지위를 확립한 성복(城濮)의 싸움(기원전 632년)이나, 진(晉)나라가 노(魯)나라나 위(衛)나라와 연합해 제(齊)나라를 공격한 안(鞍)의 싸움(기원전 589년) 같은 유명한 전투에서도 진나라의 병력은 전차가 700승(乘, 네 마리 말이 끄는 전차를 세는 단위)부터 800승까지이고, 병사 수가 2만여 명의 규모이고, 춘추시대 후반까지는 3, 4만 명에서 기껏 10만 명 전후에 그치는 정도였다.

전국시대의 전차

또한 군대의 구성과 함께 전쟁의 형태를 결정하는 큰 요소는 무기의 성격이다. 이 시대에 중원에서 사용된 주력 무기는 몇 마리(주로 네 마리)의 말에 이끌리고, 마부와 전사가 올라탄 전투용의 전차이다. 전차는 고도의 조종 기술을 필요로 하고, 그것을 유지하는 데에도 많은 비용이 든다. 따라서 전차로 전투를 진행하는 것은 물론 귀족들에만 한정되었다.

그리고 이 시대의 중국에서는 천승(千乘) 또는 만승(萬乘)의 나라라는 말처럼, 한 나라의 국력은 그 나라가 보유한 전차의 숫자에 따라 표시되었다. 이러한 전차가 수백 승에서 천 승 남짓이나 대열을 짜고 싸우니까, 험한 지형은 전투에 알맞지 않고, 전쟁터는 반드시 넓고 평탄한 지형이 아니면 안 되었다. 이 때문에 평원에서 먼지를 일으키면서 전개되는 전차전이 춘추시대의 일반적인 전투 모습이었다.

이렇게 군대가 자존심이 강한 귀족 신분의 전사로 이루어져 있었으므로 그들은 따로이 군율이 아니라 전통적인 귀족의 윤리나 예법을 따랐다. 그래서 전투가 양식화되었다. 그래서 미리 전투 일시와 장소를 정하는 '청전'(請戰)의 단계를 거치고, 적과 아군이 전차의 대열을 갖추고 나면 병사들이 적진으로 치달려 가서 도전하는 '치사'(致師)의 단계가 된다.

또한 전투가 시작된 뒤에도 한쪽의 전차 대열이 흐트러져 전군이 통제불능 상태에 빠지거나, 지휘관이 포로가 되거나, 본진의 깃발을 베어 쓰러뜨리거나, 적에게 등을 보이며 도망가게 되면 승패는 결정난 것으로 판정한다. 그리하여 승자도 그 이상 추격하지 않아 철저히 패배자를 때려 눕히는 경우는 없었다. 백발의 포로는 늙은 병사로서 석방되는 풍습이 있었고, 인명의 손실을 피하기 위해서 양군에서 뽑힌 용사 두 사람의 결투로 결말을 내는 것조차 있었다. 결국 외교상의 담판으로 결말이 나면 그것으로 좋은 것이다. 그런데 무엇보다 중요한 것은 양쪽의 병사들에 의해서 연출된 화려하고 웅장한 전쟁의 미학이었다.

기원전 638년에 송(宋)나라는 홍수(泓水) 부근에서 초(楚)나라의 대군과 싸웠다. 이 때 송나라의 군대는 이미 만반의 대비를 갖추고 포진을 완료하고 있었고, 초나라 군대는 강 한가운데를 건너고 있었다. 그러자 신하는 송나라의 병력이 열세이므로 이 기회를 타서 공격하자고 진언하였지만, 당시 제후인 양공(襄公)은 비열한 전법이라고 거절하고 초나라 군대가 다 건너고 나서 전열을 갖추기를 기다린 다음에 전투를 시작하였다. 결과는 당시의 예법에 따라 페어플레이를 한 송나라 군대의 대패로 끝났지만, 세상에는 '송나라 양공의 어짊'[宋襄之仁]으로 널리 알려지기도 하였다. 아직도 이러한 사건이 실제로 일어나는 시대였던 것이다.

평원에서의 전차전은, 현대에서의 기동전에서도 그렇지만, 짧은 시간에 승패가 결정난다. 더구나 많은 경우 한 번의 전투가 그대로 전쟁 전체이기도 하였다. 그러므로 전쟁기간도 대단히 짧아 대개 이틀이나 사흘 안에 끝났다. 물론 야전에서 성을 중심으로 농성전을 펼치는 공성전(攻城戰)이 되면 오래 끌게 된다.

그러나 수비하는 쪽이라도 성곽의 규모가 작고 방어 무기도 발달하지 않았다. 그리고 공격하는 쪽이라도 보급 능력이 빈약하고, 성을 공격하는 무기도 발달하지 않았다. 그러므로 장기간의 공방전은 불가능하고, 대개는 몇 일에서 몇 개월 안에 끝났다. 그래서 전쟁은 다음 시대인 전국(戰國)시대처럼 나라 사이의 총력전이나 소모전이라 할 정도의 치열한 양상을 나타내지는 않았다.

이와 같이 춘추시대 중원에서의 전쟁은 한 번의 전투가 그대로 전쟁 전체인 단순한 형태를 취했다. 그러므로 승패를 결정짓는 요인에 지휘관이나 병사 개인의 무술이나 용맹성과 같은 기량이 중요하게 여겨지고, 대규모의 전략이나 전술이 차지하는 역할은 아직 낮은 단계에 머물고 있었다. 전술을 교묘하게 사용하여 이기고자 하는 생각은 이미 이 시대에도 있었다. 그러나 그것은 주로 일부러 후퇴하다가 추격해 오는 적의 중앙부대를 좌우 양쪽에서 협공하는 식의, 전쟁터 안에서의 임기응변의 전진과 후퇴를 의미할 뿐이었다.

당연히 전쟁을 둘러싸고 있는 정치, 경제, 문화, 과학의 여러 원리를 추구하는 군사사상은 아직 체계화되지 않았다.

새로운 전쟁 형태로의 혁명

이러한 중원의 전통적인 전쟁관을 뿌리에서부터 뒤흔든 것은 남쪽의 오(嗚)나라였다. 당시 오나라 사람들은 한족(漢族)이 아니고, 양자강 하류 지역에 살았던 미개한 '만족 오랑캐'[蠻夷]였다. 그러나 기원전 585년에 족장 오수몽(嗚壽夢)이 제후의 호칭을 참칭(僭稱)해서 오나라를 건국했다. 그 이후 이웃한 초나라와 자주 전쟁을 치르며 고전하였지만, 오나라왕 합려(재위 기원전 515년~기원전 496년) 때를 맞이하자 갑작스럽게 강대해졌다. 이렇게 다른 기원을 갖는 오나라인 만큼, 그 전쟁 방식도 많은 점에서 중원의 여러 나라들과 사뭇 달랐다.

우선 군대의 구성에서 원래 남만족 출신인 오나라는 중원의 나라들처럼 주나라의 봉건제에 뿌리 박은 신분 제도가 확립되지 않았다. 그때문에 전투원이 '사' 이상의 사람에게 한정되던 신분적 제약이 없이, 일반 백성들이 무장하여 그대로 병사가 되었다. 이 방식은 전인구에 대한 동원 병력수를 비약적으로 높일 수 있고, 더욱이 병력의 손실을 보충하기도 매우 쉽다는 이점을 가진다.

또한 임시로 장군에 임명되는 경이나 대부 등의 귀족제도가 확립되지 않았으므로 대부분 오나라왕 자신이 진두지휘를 하는 한편, 중원의 전술 전략에 정통한 외국인을 군사 전문가로서 초대하는 데 저항도 없었다. 초나라에서 제나라로 망명했던 오자서가 참모가 되고, 제나라로부터 온 손무가 장군이 된 것도 이러한 사정에 따른 것이다. 따라서 손무가 임명된 '장군'이란, 중원에서처럼 임시로 지명되는 직위의 칭호가 아니라, 언제나 군대를 거느리고 훈련하고 전투에 나서는 권한을 갖고 있는 전문적인 벼슬이었다. 전국시대에 들어가면서 중원에서도 이러한 방식이 보편적으로 쓰이지만, 이 점에서 오나라의 군대 구성은 선구적이라고 할 수 있다.

뒤에 일어난 오랑캐 가운데 하나인 진(秦)나라 역시 내부의 저항 없이 새로운 제도에 쉽게 적응해서 최후의 승자가 된 것이다.

보병이 전쟁의 주인공으로

다음은 무기를 보자. 중원에서는 전차가 주력 무기였지만, 오나라에서 전차는 보조 무기에 머물렀다. 그 첫번째 이유는 오나라가 '오랑캐' 출신이라는 점에 있다. 전차는 은(殷)나라 이래로 고도로 발달한 중원문화의 정화로 두 발로 걷기 이외의 육상 교통수단을 몰랐던 미개한 오나라 사람들에게는 전차를 이용한 전투기술이란 굉장히 낯선 것이었다.

두 번째 이유는 오나라가 양자강 하류의 호수와 늪이 많은 지대에 위치하였다는 지리적 조건 때문이다. 손무의 후손인 손빈이 지은 『손빈병법』(孫臏兵法) 「십진」(十陳)에서 "수전의 전법에서는 반드시 그 보병을 많이 늘리고, 전차를 적게 줄여야 한다"라고 설득한 것처럼 애당초 전차는 넓은 평원용의 무기이다. 오나라와 같은 늪지대에서는 전차의 운행 자체가 매우 어렵고, 평원을 질주하는 전차의 기동성도 전혀 발휘될 수 없다.

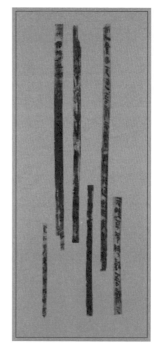

산동성 은작산에서 출토된
죽간본 『손빈병법』

그러나 전차 부대가 주력군인 중원의 나라들과 싸우려면 오나라도 어느 정도의 전차 부대를 필요로 하였다. 오나라가 처음으로 전차를 안 것은 건국 직후 기원전 584년에 초나라로부터 진나라로 망명하여 남은 일족이 몰살 당한 신공무신(申公巫臣)에 의해서이다. 그는 초나라에 복수하기 위해서 아들 호용(狐庸)을 보내서 오나라에 전차 조종법을 가르쳐 주고, 초나라에 대한 침공을 부추겼다. 그 이후 오나라도 전차부대를 갖게 되었지만, 늪지대에서 전차를 움직이기 위해서는 나름대로 노력과 연구를 필요로 하였다.

고대 역사책인 『좌전』「정공 4년」(기원전 506년)에는 침략해 온 오나라 군대를 맞아 싸우러 가는 초나라의 대부 무상흑(武常黑)이 장군 자상(子常)에게 "오나라는 나무를 쓰고, 우리는 가죽을 쓴다. 그러니 오래 끌지 못한다. 신속하게 싸우는 것이 좋다"라고 의견을 제시하는 부분이 보인다. 요컨대 오나라의 전차는 전체가 나무로 만들어져 있는데, 초나라의 전차는 가죽으로 덮여 있었다. 그러니 가죽은 썩기 쉬우니 습기가 많은 늪지대에서 오나라 군대와 지구전에 들어가는 것은 불리하므로 일찍이 승패를 결정지라는 뜻이다. 이 기록을 통해서 오나라가 전차를 도입한 뒤에 지리 환경에 맞도록 전차에 물에 강한 내수성을 향상시키는 개량을 한 것을 알 수 있다.

그러나 이러한 노력에도 불구하고 오나라에게는 전차가 역시 취급하기 어려운 무기임에는 변함이 없었다. 오자서는 오나라왕 부차(夫差)에게 "육지 사람은 땅에 살고, 강가 사람은 물에서 삽니다. 저 상당(上堂, 중원)의 나라들을 우리가 공격해서 이긴다 하더라도, 우리가 그 땅에서 살 수 없고, 그들 전차를 탈 수 없습니다"(『國語』「越語上」)라고 말하였다. 오나라와 중원 사이에는 결정적으로 지리 조건의 차이가 있어서, 중원에서 발달한 전차가 오나라의 지형에 알맞지 않은 것을 지적하고 있다.

그때문에 오나라는 전차 대신에 보병을 군대의 주력으로 삼았다. 중원에서도 춘추시대 중기가 되면, "진(晉)나라 제후는 중군(中

전국시대 보병 전투도

軍), 우군(右軍), 좌군(左軍)의 삼행(三行)을 만들어 북쪽 오랑캐를 막았다"(『좌전』「희공 28연」)는 말에서 보이는 것처럼 독립적인 보병부대가 조직되기 시작하였다. 이러한 전차를 보조하는 성격을 벗어난 독립적인 보병부대는 점점 다른 중원 여러 나라들에도 보급되어, 그 비중이 나날이 증가 추세에 있었다. 그러나 여전히 전차가 가지 못하는 산악지대에 출동하는 경우 등의 필요성 때문이라는 기록에서처럼, 보병부대는 아직 보조적인 역할을 할 뿐이고, 중원에서의 군대의 주력은 여전히 전차부대였다.

그런데 오나라에서는 기원전 482년에 오나라왕 부차가 황지(黃池, 지금의 河南省 封邱)에서 진(晉)나라, 주(周)나라, 노(魯)나라와 회맹(會盟)하는 역사적 사건이 발생하였다. 그리하여 진나라와 패자의 지위를 놓고 극심하게 싸웠을 때, 100명을 1행(行)으로 하고 100행을 1방진(方陣)으로 하는 편제로 1만명 단위의 보병부대를 3부대로 조직한(『국어』「오어」) 완전히 보병 중심인 군대 편성이 자

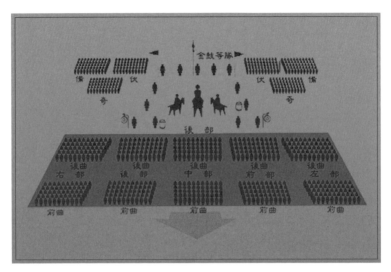

방진의 형태

리잡았다. 이 점에서도 오나라는 전국시대 군대 편성의 선구였다.

예법보다 속임수가 핵심 전술이다

오나라의 군대가 보병 중심으로 편성되면서 전술 면에서도 커다란 변화를 가져왔다. 전차에 비해서 보병은 지형의 제약을 훨씬 적게 받고, 그만큼 작전행동이 자유롭다. 요컨대 보병은 전차로는 넘지 못하는 산악이나 숲이나 늪지대 등 험한 지형도 뚫고 나갈 수 있다. 더구나 그러한 지형을 이용하여, 행군 경로를 적의 눈으로부터 은폐시킬 수도 있다.

그래서 이 두 가지 이점을 살려, 복잡한 전술을 세우는 것이 가능해진다. 병력을 몇으로 나누어 진격시켜서 공격 목표를 노출시키지 않고 미리 약속한 지점에 급속히 병력을 집중시켜 적군을 분산시켜 각개격파하는 분진합격(分進合擊) 작전, 적은 병력을 미끼로 노출시켜 주력부대의 공격 목표를 적에게 잘못 알게 하는 양동(佯動) 작전, 험한 지형에 병력을 숨겨서 기습이나 매복하는 작전, 곧바로 진군하지 않고 멀리 돌아가서 적군을 포위하거나 배후를 차단하는 작전 등이 그것이다.

그 결과 그때까지 적과 아군이 전열을 정비해서 대적한 다음에 정식으로 싸움을 시작하는 양식은 퇴조하기 시작하였다. 그리고 전투 자체가 완전히 속이는 계략인 궤계(詭計)에 의해서 진행되는 새로운 전투 형태가 나타났다. 따라서 적을 기만하는 속임수나 권모술수는 한 번의 전투 안에서만 한정되지 않고 전쟁 시작 시기의 선택에서부터 각 부대의 출격이나 이동, 적군의 포착과 공격, 군대의 철수에 이르기까지, 모든 군사 행동에 걸쳐 쓰이기 시작하였다.

그 가운데 하나의 실례로 오나라가 초나라를 침공한 전투를 살펴보자. 기원전 511년에 오나라왕 합려는 오자서와 손무가 계획을 세운 전략을 실행에 옮기기 시작하였다. 우선 여러 부대를 각기 다른 방향에서 교대로 초나라에 침입시켜, 이읍(夷邑, 지금의 河南省 城父)과 잠읍(潛邑, 지금의 安徽省 霍山) 그리고 육읍(六邑, 지금의 安徽省 六安)을 잇달아 거짓으로 공격하면서, 주력부대는 현읍(弦邑, 지금의 河南省 潢川)을 포위하였다. 오나라의 침입에 분노한

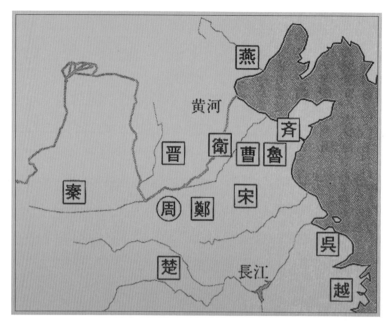

춘추시대의 여러 나라

초나라는 그때마다 구원군을 파견하지만, 오나라군은 공격하고는 재빠르게 물러났다. 그러면서 소읍(巢邑, 지금의 安徽省 巢縣)을 공략하는 등, 다른 방향으로 싸움을 걸어, 초나라 군대를 이리저리로 분산시키고 점차 지치게 만드는 작전을 사용하였다.

　이러한 재빠른 기동전에 말려들어 강대한 초나라의 군사력이 약해지는 것을 지켜 본 뒤에 기원전 506년에 오나라는 채(蔡)나라와 당(唐)나라 두 나라의 병사와 함께 초나라에 총공격을 감행하여 다섯 번 싸워 모두 이기며 연전연승하여, 드디어 초나라의 수도인 영(郢, 지금의 湖北省 江陵)으로 입성한다. 초나라왕은 간신히 북쪽

변방으로 도망하여, 춘추시대의 초강대국인 초나라의 거의 전국토가 눈깜짝할 사이에 점령되는 공전의 대승리를 거두었다.

이야말로 전쟁 전체를 계략에 따라 처음으로 실천한 획기적인 사례이다. 이미 중원의 전차전에 있어서도, 무엇보다도 이겨야 한다는 강렬한 희망은 전투에서 전사의 윤리를 몰아내기 시작하였다. 그리고 이로부터 고대적인 전쟁의 미학은 사라지고, 정해진 규칙 없이 서로 속이는 적나라한 전쟁관으로 크게 바뀌어 나갔다. 손무가 "전쟁이란 속임수다"〔兵者, 詭道也. 「시계」〕라고 선언한 것은 바로 이러한 변화를 배경으로 한 것이다.

전쟁의 모습을 완전히 바꾼 오나라

오나라는 또 원거리 공격과 장기 지구전의 측면에서도, 당시의 전쟁에 획기적인 변화를 가져왔다. 애당초 원거리 공격은 군대의 기동성이나 보급 능력이 충분히 발전하기 전에는 불가능한 이야기였다. 전차를 주력으로 하는 중원의 군대는 험한 지형을 돌파할 수 없고, 행동 범위가 좁기 때문에 원거리 공격에는 맞지 않았다. 진격 거리가 비약적으로 늘어난 것은 춘추시대 말기의 오나라 군대부터였다.

앞에서 말한 대로 오나라는 일거에 초나라의 수도인 영을 공략하였는데, 이는 한 번도 시도된 바가 없었던 원거리 공격이었다.

편도 거리가 무려 2,000리(약 800km, 고대 중국의 단위로 1리는 약 400m)를 넘는다. 또한 기원전 487년에 오나라는 노나라 계손자(季孫子)의 공격을 받은 주(邾)나라를 구한다는 명분으로 군대를 출동시켜 노나라 군대를 연파하여 도성(都城, 지금의 山東省 曲阜)에까지 밀고 올라갔기 때문에 노나라는 어쩔 수 없이 성하(城下)의 맹(盟), 즉 항복을 서약할 수밖에 없었다.

그 다음에 기원전 485년에 오나라는 노(魯)나라, 주(邾)나라, 담(郯)나라의 병사들을 이끌고 제나라를 공격하여 식읍(鄅邑, 지금의 山東省 蒙隆)까지 쳐들어갔다. 오나라는 다음해에도 패전의 보복을 꾀하는 제나라를 쳐부시고, 애릉(艾陵, 지금의 山東省 萊蕪)에서 큰 승리를 거둔다. 이러한 일련의 노나라와 제나라와의 전쟁도 모두 편도 1,000리를 훨씬 넘는 장거리 진격이었다.

이와 같이 당시의 수준을 훨씬 뛰어넘는 장거리 침공작전을 거듭할 수 있었던 것은 합려와 부차가 거느린 오나라 군대뿐이었다. 그것을 가능하게 한 요인으로 보병 중심으로 편성된 오나라 군대가 지형과 거리에 방해받지 않고 진군할 수 있었던 점을 들 수 있다.

또한 빠르고 뛰어난 수군에 의해서, 원군이나 보급 물자를 전선 가까이 실어 나를 수 있었던 점도 원인의 하나였다. 기원전 486년에 오나라가 한구(邗溝)라는 운하를 열어 회하(淮河)와 양자강(揚子江)을 연결한 것은 북쪽의 제나라를 공격하려는 의도에서였다. 다음해의 제나라 원정에서는 운하를 통해서 수군이 더욱 북상하여, 군대를 제나라에 상륙시켰다. 또한 기원전 484년에 기수(沂

水), 사수(泗水), 회하를 운하로 연결한 것도 2년 뒤의 황지의 회맹에 출정하기 위한 준비였다. 이러한 수상보급로에 의한 병참보급선 유지의 노력이 오나라의 놀라운 장거리 진격을 뒷받침하고 있었던 것이다.

다음으로 장기전에 대해서도 살펴보자. 오나라가 초나라의 거의 전역을 제압한 전투에서 이미 기원전 526년부터 국경 근처의 도하 지점에 가까운 요충지 주래(州來, 지금의 安徽省 鳳臺)의 지배권을 놓고 계속 쟁탈전이 거듭되고 있었다. 그 이후 기원전 511년부터 오나라는 오자서와 손무의 작전 계획을 실행에 옮기기 시작하여, 기원전 506년에 초나라의 수도를 함락시켰다. 그리고 다음해에 신(秦)나라의 구원군이 참전하고 월나라가 본국을 침입하면서 후퇴할 때까지 계속 점령하였다. 따라서 이 전쟁은 기원전 511년부터 기원전 505년까지 7년 동안이나 끌었던 것이다.

또한 유명한 오나라와 월나라의 전쟁은 전기간이 62년에 달하지만, 기원전 496년에 취리(檇李, 지금의 浙江省 嘉興)에서 합려가 전사하여 전쟁이 격화된 시점에서만 따져 보아도, 기원전 472년의 오나라 멸망까지 실로 24년이 걸린 일대 장기전이었다.

이렇게 오나라가 관련된 전투는 그때까지의 중원의 전쟁에서는 정말로 전례를 찾아볼 수 없을 정도의 장기전이었다. 조(趙)나라가 10년이나 걸리면서 중산(中山)을 공격한 경우나, 연(燕)나라가 거의 7년에 걸쳐 제나라를 침공한 것처럼 전국시대에는 일반화된 장기 지구전의 선구적 사례가 되었다. 처음부터 다른 나라를 완전히 제압하는 것을 목적으로 하는 굉장한 총력전과 소모전의 시대가 기분 나쁜 막을 올린 것이다.

지금까지 말한 것처럼 오나라는 모든 면에서, 그때까지의 전쟁의 모습을 완전히 바꾸었다. 수천 리에 걸친 원거리 침공작전의 반복이나, 수 년에 걸친 장기 지구전, 보병 중심의 군대편성과 복잡한 전술의 사용, 제나라와 노나라의 연파나 초나라 수도의 점령, 게다가 회계산(會稽山)에서의 월나라의 전면 항복이라는 빛나는 전적, 그리고 양자강 하류의 '오랑캐'로부터 혜성처럼 나타나 중원의 패자가 된 모습 등, 오나라의 놀라운 군사 행동이 당시에 준 충격은 헤아릴 수 없는 것이다. 그리고 이 중원을 중심으로 한 중국을 뒤흔들어 놓은 충격이야말로, 오나라를 갑작스럽게 강대하게 만든 장군 손무의 병법인 『손자병법』이 이루어지는 중요한 계기가 된 것이다.

오나라의 군사 행동과 손자의 사상

『손자병법』에는 다른 병서에는 보이지 않는 특이한 군사사상이 수없이 많이 포함되어 있다. 여기서 그 주요한 측면만을 골라서 오나라의 전쟁형태와 관련시켜서 살펴보기로 하자.

『손자병법』이 상정하고 있는 전쟁의 형태는, "10만 명의 병사를 천 리 밖으로 출정시키려면, 백성과 나라가 부담해야 하는 전쟁 비용이 하루에 천 금이 들어간다. 그리고 나라 안팎이 소란해지며, 군수물자의 수송에 동원된 백성들이 도로를 가득 메우고, 이 때문에 농사를 짓지 못하는 집이 70만 가구에 이르게 된다. 이렇게 적대한 두 나라가 몇 년 동안을 서로 버티며 준비한 것은 오로지 하루 아침의 승리를 얻기 위함이다"(「용간」)라는 묘사에 집약되어 있다.

이에 따르면 전쟁은 다음과 같은 요소들로 규정할 수 있다. 첫째, 10만 대군이 동원된다. 둘째, 적국 안으로 먼 거리를 깊숙이 침공한다. 셋째, 몇 년에 걸친 장기 지구전이다. 넷째, 국력을 모두 기울이는 총력전이다.

이러한 전제 조건은 국력을 엄청나게 소모하므로 "전쟁 준비에 다소 모자란 점이 있더라도 속전속결을 추구하여 승리한 경우는 들어보았지만, 전쟁 준비를 완벽하게 갖추고 장기전을 치르며 승리한 경우는 본 적이 없다"(「작전」)라고 하여 속전속결의 단기 결전을 주장하거나, "싸우지 않고도 적을 완전히 굴복시키는 전술이 가장 좋은 방법"(「모공」)이라고 하여 직접적인 전투보다도 간접적인 전략을 중시하는 주장을 하였다.

또한 전략이나 전술의 비중이 높아짐에 따라서, 전략이나 전술을 세우기 위한 정보 수집이나 모략 활동이 중요시 되었다. 그리하여 첩보전을 강조한 「용간」(用間)의 주장이 나오게 온다. 이는 손무가 끊임없이 강조한 "적을 알고 나를 알면, 백 번 싸워도 위태롭지 않다"(「謀攻」)라는 '지피지기'(知彼知己)의 사상을 현실적으로 구체화한 사상이다. 그리고 이러한 군사학적 특색을 보여 준 것은 오나라가 앞에서 전개한 전쟁을 통해서였다.

다음에 지휘관의 성격에 눈을 돌리면서 "장수가 유능하여 군주가 작전에 간섭하지 않으면 승리한다"(「모공」)라든가, "지형은 용병에 있어서의 보조 조건이다. 적의 정황을 잘 헤아려서 승리할 수 있는 계획을 세우며, 지형이 험한지 평탄한지와 도로의 멀고 가까움을 잘 계산하는 것이 훌륭한 장수의 임무이다. 지형의 이점을 잘 알고 작전에 활용하는 장수는 반드시 승리하며, 그렇지 못한 장수는 반드시 패배한다. 그러므로 장수는 전선에서 필승의 확신이 서면, 군주가 싸우지 말라는 명령을 내렸더라도 반드시 싸워야 한다. 그리고 필승의 확신이 서지 않으면 군주가 싸우라는 명령을 내렸더라도 반드시 싸우지 않아야 한다. 그러므로 장수는 승리하면서도 명예를 좇아가지 않으며, 패배할 때는 책임을 회피하지 않는다. 오로지 백성의 안전을 꾀하고, 나라의 이익에 부합되는 결과만을 추구할 따름이다. 이 때문에 장수는 나라의 보배이다"(「지형」)라고 주장하였다. 이렇게 손무는 장군의 독립적인 지휘권을 강조하여, 전쟁터에서의 용병술에 대한 군주의 간섭을 싫어한다. 이러한 입장은 장군을 상임의 전문 벼슬로 정한 오나라의 군제와 일치한다.

『손자병법』은 또 "실을 피하여 허를 친다"(적의 강점을 피하고 빈틈을 공격한다. 「허실」), "적보다 늦게 출동하고서도 목적지에 적보다 먼저 도착하여 요충지를 점령할 수 있다"(「군쟁」)는 복잡한 전술을 전개하지만, 이것도 오나라 같은 보병 중심의 군대에 의해서 처음으로 가능한 전법이었다.

게다가 『손자병법』 군사학의 특색으로 "적국에 침입한 침공군은 적진 깊숙이 진입해야 한다. 적지에 깊숙이 진입할수록 아군은 단결력이 강화되고, 적은 제대로 막을 수 없게 된다"(「구지」)라고 하여 손님〔客〕과 주인〔主〕의 개념으로 침공군과 방어군을 구분한 뒤에, 적국 깊숙이 침입하여 결전하는 전술도 제시하였다.

이 전법이 유리한 이유는 "아군은 도망가려고 해도 도망갈 데가 없게 되어, 죽음만이 있을 뿐 패배하여 물러날 수 없다는 마음가짐을 품게 된다. 병사들이 목숨을 걸고 용감하게 싸우니 이기지 못할 상대가 없으며, 지휘관과 병사가 한마음으로 힘을 다하니 넘어서지 못할 어려움이 없다. 병사들은 어떤 막다른 골목에 빠지더라도 오히려 두려워하지 않으며, 도망갈 길이 없다는 생각이 들면 결사항전의 각오가 굳어지게 마련이다. 적지 깊숙이 들어갈수록 장병들의 행동이 하나가 되고 어쩔 수 없다고 생각할 때에는 결사적으로 싸우게 된다"라고 하여 병사의 심리를 독려하기에 유리하다. 이에 반해서 "자기 나라 영토 안에서 벌어진 전쟁이라 마음이 흐트러진 전쟁터"를 '산지'라고 하여 도망가서 살아 돌아갈 희망을 갖는 곳은 전의가 둔해지기 쉽다. 그래서 일부러 적국 깊숙이 침입하여 탈주할 희망을 끊어 버리면, "병사들이 일단 전진 이외에 더이상 갈 데가 없는 전쟁터에 던져지면"(「구지」) 병사는 결사의 각오를 굳히며 일치 단결한다.

그 위에 "장수는 관례를 깨뜨리는 포상을 하기도 하고, 상식을 뛰어넘는 명령을 내리는" 비상조치를 통해 병사들의 사기를 고무

천하 통일의 기초를 다진 한신

하면, "병사들이 자기의 재산이나 목숨을 돌보지 않고 싸우는 것은 그들이 모두 재산이나 생명을 싫어해서 그런 것이 아니다. 출동 명령이 떨어지게 되면, 그들은 (전투의 부상으로) 앉은 이는 눈물로 옷깃을 적시고, 누운 이는 얼굴이 눈물 범벅이 된다"라고 하여, 그들이 비장한 결의로 전투에 투입되어 '산지'에서 싸우는 적병을 압도한다. 이것이 「구지」의 주요 요지로, 한(漢)나라 때의 한신(韓信)이 "병법에서 '병사들을 죽을 곳인 사지에 빠뜨린 다음에야 살아 남게 되고, 병사들을 멸망할 망지로 몰아 버린 뒤에야 보존하게 된다'라고 말하였다"(『사기』「준음후열전」)라고 인용하며 유명한 배수진(背水陣)에 응용하였다.

군대를 전체로서 파악한다

물론 이러한 전술은 명예를 중시하는 귀족 전사가 아니라, 전투 의지가 투철하지 않는 일반 백성을 병사로 하는 군대 구성이나 적국 안에서의 침공을 전제로 하는 것이고, 앞에서 말한 오나라의 전쟁 형태와 완전히 일치한다.

오나라왕 부차는 보병 3만 명을 거느리고 황지의 회맹에 출정하지만, 진(晉)나라와의 주도권 다툼을 오래 끄는 사이에, 본국이 월나라의 공격을 받아서 어쩔 수 없이 후퇴하고 만다. 이 때 신하인 왕손락(王孫雒)은, "우리는 돌아갈 길이 멉니다.……백성들이 죽음을 싫어하고 부귀영화를 누리며 장수하고 싶어하는 것은 진나라나 우리 오나라나 모두 똑같습니다. 그렇지만 저들 진나라는 자기 나라가 가까워 쉽게 후퇴할 수 있지만, 우리는 돌아갈 길이 멀어 후퇴할 수도 없습니다. 저들 진나라가 우리와 목숨을 걸고 싸우는 위험한 일을 하려고 하겠습니까?……청컨대 왕께서는 병사들을 격려하셔서 이들의 사기를 높여 주십시오. 높은 자리와 많은 재물로 장려하시고, 노력하지 않는 자를 처벌할 형구를 준비하셔서, 모두가 죽음을 무릅쓰고 싸우도록 명령하십시오. 그러면 저들 진나라는 싸우려 하지 않고, 우리를 장자로 세울 것입니다"(『국어』「오어」)라고 계책을 바쳤다.

　요컨대 오나라군은 훨씬 멀리 떨어진 원정길에 있었고, 병사들은 막다른 길에서 고향으로 돌아갈 희망이 없어서 결사항전하는 수밖에 없었다. 이에 반하여 진나라 병사는 고향 가까이 있어서 죽음을 무릅쓰고 싸울 각오를 정하기 어려웠다. 그래서 이렇게 아군의 막다른 처지를 거꾸로 이용하여, 후한 포상과 엄한 형벌로 사기를 고무한 뒤에 결전하면, 진나라는 싸우지 않고 맹주의 자리를 양보할 것이라고 하는 말이다. 바로 이것은 『손자병법』「구지」와 같은 발상이다. 황지의 회맹에서 왕손락의 제안을 받아들인 부차가

3만 명의 보병 부대에게 결사 항전을 명령하였으므로 그 날카로운 기세에 압도된 진나라 군대는 전의를 잃어 후퇴하였다.

이와 같이 병사 개인의 자질이나 기량보다도, 집단 전체의 태세나 기세를 중시하는 생각은 사실은 "승리하는 자는 작전을 주도하면서 천 길 높은 골짜기에 가둬 둔 물을 한 번에 쏟아 내듯 쌓여 있는 힘을 최대한 발휘하게 한다. 이것이 바로 승리의 기세인 '군형'이다"(「군형」), "용맹함과 비겁함은 기세에 달려 있으며, 강함과 나약함은 상황의 형태에 달려 있다", "전쟁에 유능한 자는 '기세'로 승리를 추구하며, 병사 개개인의 전투력만을 탓하지는 않는다"(「병세」), "어느 군대든 전투가 처음 시작될 때에는 사기가 왕성하지만, 시간이 지나서 전투가 이어지면 사기가 느슨해지며, 전투가 끝날 무렵이 되면 사기가 바닥에 떨어져 철수할 생각만 하게 된다"(「군쟁」) 등으로 설득한 『손자병법』의 특색이기도 하다.

이상의 유사점에서 오나라 장군 손무의 병서라고 전해지는 『손자병법』이, 역시 오나라의 군사 활동과 깊은 관계가 있었던 것이 증명된다.

두 사람의 손자

손자라고 불리운 병법가는 사실은 두 사람이다. 한 사람은 춘추시대에 활약한 손무이고 다른 한 사람은 그의 후손으로 전국시대

제(齊)나라의 위왕(威王)의 참모로 활약한 손빈(孫臏)이다. 『사기』 「손자오기열전」에도 손무의 후손으로 명확하게 기록되어 있다. 그는 기마병과 공성전이 중시되는 전국시대의 달라진 전쟁 형태를 그대로 자신의 병법에 반영하고 있었다. 그러나 그의 병서인 『손빈병법』(孫臏兵法)은 2,300여 년 동안 사라진 채 전설로만 전해지다가 1970년대에 다시 발견되었다.

아무튼 전쟁 형태의 변화는 손빈의 병학에 어떠한 모습으로 반영되어 있는 것일까? 근래에 발견된 『손빈병법』의 내용에서 기세(氣勢)의 중시, 침략군[客]과 방어군[主]의 구분, 기습 전술[奇]과 정면 전술[正]의 적절한 사용 등, 많은 점에서 손무의 병학을 계승하고 있다. 그러나 한편으로 『손자병법』에서는 보이지 않는 특색도 있다.

우선 첫째, "지세가 평평한 곳에서는 전차를, 지세가 험한 곳에서는 기마병을 많이 사용하며"(「팔진」)라든지, "양쪽 군대가 대치하여 교전하려고 합니다. 아군의 병사는 적보다 많지만 전차 부대와 기병 부대는 적군의 십분의 일에 지나지 않습니다. 이것을 격파하는 전법은 무엇입니까?"(「십문」)라고 한 것은 『손자병법』이 전혀 언급하지 않았던 기병의 활용 전술이 등장한다는 점이다.

둘째, 『손자병법』은 어쩔 수 없는 상황에서만 치러야 하는 최악의 전술로 취급하여 구체적인 내용을 전혀 언급하지 않은 공성전에 관한 전술이 적극적으로 다루어지고 있다. "성 앞에 깊은 골짜기가 있고 성 뒤에는 높은 산이 있으면 견고한 수컷 성[雄城]이므

원진

로 공격하기 어렵다"라고 하였고, "성 뒤쪽에 깊은 골짜기가 있고 성의 좌우에 높은 산이 없다면, 이런 성은 허약한 암컷 성[牝城]이 므로 공격하여 무찌르기 쉽다"(「웅빈성」)라고 서술하였다.

춘추시대 말기의 양자강 하류 지역과는 달리, 전국시대의 중원 에는 인구가 증가함에 따라서 대규모 성곽이 많이 세워졌다. 그때 문에 적은 수의 군대를 전진시키면 바로 적군의 성벽과 맞닥뜨리 게 되었고, 『손자병법』처럼 "가장 나쁜 방법은 적이 지키고 있는 성을 직접 공격하는 것"(「모공」)이라고 말했던 상황과 달랐다. 그 러나 전국시대는 다른 나라의 성벽으로 둘러싸인 성읍을 쟁탈하 여 자기 나라의 영토로 편입시켜 확대하려고 한다는 점에서 전쟁 의 주요한 대상이 옮겨진다는 점에도 영향을 주고 있었다.

셋째, 『손자병법』과는 달리 구체적인 진법(陣法)이 대단히 큰 비

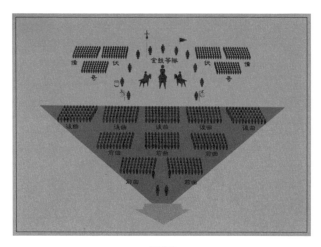

추행진

중을 차지하고 있다는 점이다. 전쟁이 점점 장기 지구전으로 변하게 되면서, 전선은 종종 교착 상태에 빠져, 양쪽 모두 흙무더기나 나무 방책으로 진지를 구축하는 일이 상습적으로 이루어졌다. 이러한 상황에 발맞추어 전술도 더한층 복잡해지고 더욱 다양한 진형(陣形)을 짜기 시작하였다. 그래서 진지의 구축법이나 진형의 선택을 내용으로 하는 진법의 중요성은 춘추시대와 비교하여 비약적으로 증대하였다.

그래서『손빈병법』에는 "진을 칠 때는, 먼저 병력을 셋으로 나눠서 진형을 짜며, 진영마다 돌격대와 후속 부대를 둔다.……적과 교전할 때에는 삼분의 일의 병력을 사용해 전투하며, 나머지 두 진영은 뒤쪽에서 적을 공격할 기회를 노린다. 그 다음에 한 진영이 적을 공격해서 적을 혼란시키면 나머지 두 진영이 적의 약점을 공

안행진

격해 적의 진지를 점령한다"(「팔진」)라고 하여 병력을 셋으로 나누어 선봉 부대 하나와 후방 부대 둘의 비율로 배치하는 진형이 표시된다. 이것은, 포진할 때의 일반적이고 원칙적인 진형으로, 진지의 측면이 점차로 늘어나 8자 모양이 되는 진형을 8진이라 부르고, 물고기 비늘처럼 삼각형이 포개진 듯한 공격형 진형인 어린진(魚鱗陣) 등이 있었다.

게다가 『손빈병법』에서는 아예 열 가지 진형을 다룬 「십진」을 두었다. "일반적으로 진법은 아래와 같은 열 가지로 분류할 수 있다. 1. 방진(方陣), 2. 원진(圓陣), 3. 소진(疏陣), 4. 수진(數陣), 5. 추행진(錐行陣), 6. 안행진(雁行陣), 7. 구행진(鉤行陣), 8. 현양진(玄襄陣), 9. 화진(火陣), 10. 수진(水陣)"(「十陳」)이라고 하여, 일반형의 진법 밖에 특수한 상황과 용도에 적용하는 열 가지 진형을 분류하

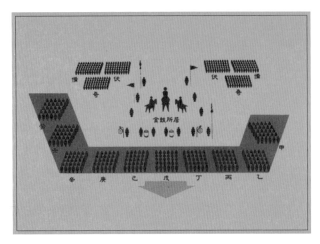

구행진

고, 저마다 다른 운용법을 자세히 해설하였다.

이와 같이 기본적으로는 『손자병법』의 병학을 계승하면서도, 『손빈병법』에는 전국시대의 시대 상황과 전쟁 양상을 반영하고 있다. 새로운 병학의 전개와 두 사람 사이에 존재하는 명백한 시대 차이를 읽어낼 수 있다.

『손자병법』의 지은이는 누구인가?

지금 전하는 『손자병법』 13편의 지은이로 추정되는 인물은 역사상 두 사람이 존재한다. 그것은 앞에서 말한 두 사람의 손자, 즉 『사기』에서 서술한 오나라의 손무와 제나라의 손빈이다. 사마천은 『사기』 「손자오기열전」의 끝에 손무와 손빈은 저마다 병서를 남겨, 함께 세상에 유포하였다고 적고 있다. 그것을 뒷받침하듯이 한나라 때의 도서목록집인 『한서』(漢書) 「예문지」(藝文志)의 「병권모가류」(兵權謀家類)에는, 『오손자병법』(嗚孫子兵法) 82권과 그림 9권, 『제손자병법』(齊孫子兵法) 89권과 그림 4권의 책이름과 분량이 기록되어 있다. 이에 따르면 전한시대 말기에서 후한시대 말기까지에는 두 가지 종류의 『손자병법』이 존재한 것으로 보인다. 그러나 그 후 대부분 없어지고 간신히 13편만이 지금까지 전해져 왔다.

그래서 지금 전하는 13편의 『손자병법』이 두 사람 가운데 누가 지은 것인지, 또 두 가지 『손자병법』이 어떤 관계가 있는지 지금까지 기나긴 논쟁이 이어졌다.

이 문제에 대한 첫째 입장은 지금 전하는 『손자병법』은 『사기』의 전승대로 손무 스스로가 지은 것이라고 보는 견해이다. 단지 일률적으로 손무 혼자서 지었다고 하더라도, 그 주장 내용은 논자마다 다양하였다. 『손자병법』 최초이자 최고의 주석가인 위(魏)나라 무제(武帝)인 조조(曹操)가 손무에 관한 병법을 집대성한 『오손자병법』 82권 가운데 손무가 직접 저술한 것으로 보이는 13편만을 뽑아내어 결과적으로 『사기』 「손자오기열전」의 옛 모습을 회복하여 지금 전하는 책을 만들었다는 입장과 지금 전하는 책을 『사기』에서 말하는 13편 그대로 손무가 지은 것이라고 보는 입장으로 대별할 수 있다.

전국시대의 수전(사천성 성도 출토 청동기 문양)

　둘째 입장은 후대의 위작이라는 설이다. 이 입장도 내용은 여러
가지이다. 그 주요 논거는 다음의 두 가지로 압축된다. 하나는『좌
전』이하의 여러가지 고대 서적에 손자의 이름이 보이지 않는 등,
손무의 행적이 매우 애매하여 후대의 명성에 비해서 당시에 거의
주목받지 못했다는 점이 그 실재 여부를 대단히 의심스럽게 만들
고 있다는 점이다. 다른 하나는『손자병법』의 내용이 전쟁 규모나
용어 등의 면에서, 춘추시대보다도 전국시대 쪽이 더 적절하다는
점이다. 그래서 이러한 논점에 입각해 보면, 지금 전하는『손자병
법』은 전국시대에 누군가의 손으로 위작하여, 그것을 손무의 이름
에 거짓 의탁하여 전해졌다는 결론이 이끌어진다.
　셋째 입장은 후손인 손빈이 지었다는 설이다. 이 입장도 두 가지
로 나누어진다. 하나는 역사적으로 실존하였던 손빈의 행적의 일
부가 가공의 인물인 손무에 가탁되어, 마치 손자가 두 사람이었던
것처럼 설정되었다고 하는 견해이다. 다른 하나는 손무의 실존 여
부에 상관없이 지금 전하는 13편의『손자병법』은 손무가 스스로

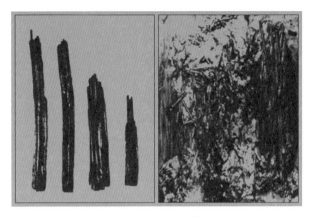

산동성 은작산에서 출토된 죽간

지은 것이 아니라, '제손자병법'에서 발췌한 손빈의 저작이라는 견
해이다.

　이상의 『손자병법』의 지은이와 성립 상황에 대한 세 가지 견해
에 따르면, 전승대로 손무가 직접 지었다는 설을 지지하는 견해가
강력하게 자리잡고 있는 반면, 이 견해에 대한 의심에 따라 점차로
반대 증거들이 끊임없이 제기되어 왔다고 말할 수 있다. 그래서 한
동안 손무가 지었다는 설은 학문적으로 매우 심각하게 위협을 받
았다.

대나무 무더기 속에서 발견된 새로운 『손자병법』

　그런데 1972년에 산동성(山東省) 임기현(臨沂縣)의 은작산(銀雀

山)에 있는 전한시대의 무덤에서 엄청난 양의 대나무 책, 즉 죽간(竹簡)이 나왔다. 그 가운데 13편의『손자병법』에 해당하는 자료 외에 지금까지 알려지지 않은 손무와 손빈에 관한 다른 두 가지로 분류할 수 있는 병서도 포함되어 있는 것이 확인되었다.

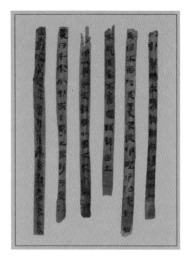

죽간본『손자병법』

이들 손자 관련 병서는 그 뒤 중국 연구자들에 의해 해독되고 정리되어,『은작산한묘죽간(銀雀山漢墓竹簡)·손자병법(孫子兵法)』과『은작산한묘죽간(銀雀山漢墓竹簡)·손빈병법(孫臏兵法)』이라는 책으로 나눠 간행되었다. 그 내용을 바탕으로 이 두 책에 실린 자료는 다음과 같다.

(1) 지금 전하는『손자병법』과 거의 같은 내용의 13편.

(2) 합려나 손무의 대화 형태를 띠고 있어 손무와 직접 관련 있는 것이 분명한「견오왕」(見嗚王),「오문」(吳問) 2편.

(3) 내용으로 보면 13편의『손자병법』과 관계된다고 짐작되는「사변」(四變),「황제벌적제」(黃帝伐赤帝),「지형이」(地形二)의 3편.

(4) 손빈과 직접 관련된 것이 분명한 「금방연」(擒龐涓), 「견위왕」 (見威王), 「위왕문」(威王問), 「진기문루」(陳忌問壘), 「강병」(强兵)의 5편.

(5) 손무의 저작인지, 손빈의 저작인지 결정하기 어렵지만, 각 편의 맨 앞에 '손자왈'(孫子曰)이라고 쓰여 있는 「찬졸」(纂卒), 「월전」(月戰), 「세비」(勢備) 등 10편.

(6) 손자라는 이름이 등장하지 않고, 손무나 손빈과 관련되었는지도 확실하지 않은 「십진」(十陣)과 「객주인분」(客主人分) 등 15편.

이상의 여섯 가지로 나눠 볼 수 있는 것으로 알려졌다.

중국 학계에서는 이들 여섯 가지 자료 가운데 앞의 세 가지를 손무와 관련된 『손자병법』이라고 판정하고, 뒤의 세 가지를 손빈과 관련된 『손빈병법』이라고 보았다. 물론 (5)번과 (6)번에 관해서는 일단 『손빈병법』에 편입시킨 다음에 뒷날 재고하기로 유보하였다.

그러나 무엇보다 현재의 『손자병법』과 중복되는 (1)번의 13편의 발견과 함께 새롭게 손빈 자신의 병서가 발견되면서 더 이상 손무가 직접 지었다는 데에는 의문이 없이 실증되었다.

『손자병법』은 13편뿐인가?

그런데도 문제의 13편은 정말로 손무의 병서에 포함시킬 수 있는 것일까? 위에서 말한 바와 같이, 지금까지 전승되어 온 『손자병법』은 13편본이지만, 『사기』나 『한서』 「예문지」의 기록에 따르면한나라 때에 손무와 손빈이 각각 지은 『손자병법』이 존재한다는것은 이미 널리 알려진 사실이었다.

이 점은 새롭게 손무와 손빈이 지었다는 병서가 따로 발견된 것에 의해서, 그리고 그 자료 속의 내용에서도 구체적으로 뒷받침되었다. 특히 주목받는 기록은 『손빈병법』 「진기문루」의 끝에 실려있는 자료에 보인다.

"……가 그것(『손빈병법』)을 오나라와 월나라에서 밝히고, 제나라에서 말하였다. 손씨의 도(병법)를 지혜롭게 깨우친 자는 반드시 하늘과 땅에 합치된다. 손씨란……"〔……明之嗚越, 言之於齊. 曰智孫氏之 道者, 必合於天地. 孫氏者……〕

맨 앞 부분은 손무가 오나라왕 합려의 장수가 되어 활동한 점을가리킨 듯하다. 그 다음 부분은 제나라 위왕의 참모가 된 손빈의활동을 가리키는 듯하다. 또한 『사기』에 따르면 두 사람은 모두 제나라 사람으로 손빈은 백여 년이 지나서 태어난 손무의 후예니까, '손씨의 도'는 손무와 손빈의 병학사상을 묶어서 가리킨 것이라고 생각된다.

이 자료는 유감스럽게 하나의 죽간뿐이고 앞뒤가 불분명하기 때문에 원래 어떠한 문맥 속에 위치하고 있었는지는 알 수 없다. 단지 내용으로 보아 계릉(桂陵)과 마릉(馬陵)에서의 큰 승리로 손빈이 명성을 떨친 뒤에 손무와 손빈 두 사람의 병법을 함께 계승한 후학의 손에 의해 기록된 것으로 보인다. 이에 따르면 손무와 손빈 두 사람의 손자가 저마다 병서를 저술하였다는 사실은 단지 『사기』에서 확인되는 것만이 아니다. 무엇보다 다름 아닌 손자 계통의 병학, 즉 '손씨의 도'를 받드는 병법가 집단 내부에서의 전승이기도 한 것이 확인된다.

그리고 그들이 "오나라와 월나라에서 밝히고, 제나라에서 말하였다"라고 하여 손무가 창안한 병법을 손빈이 발전시켜 말하였다고 하여 두 가지를 이어지는 하나의 계보로서 기술하였다. 그리고 '손씨의 도'라고 함께 지칭함으로써 손무와 손빈이 지은 두 가지의 저작은 어떤 시대까지는 엄밀하게 구분되지 않고, 둘 다 함께 전승한 동일한 유파의 병서로서 묶여서 전승되어졌던 가능성이 높다.

단지 시기적으로 보아서 한나라 무제(武帝) 초기(기원전 140년~기원전 118년)에 만들어진 것으로 추정되는 한묘에서 출토되었다. 이 두 가지 병서가 뒤에 『한서』 「예문지」에 적힌 『오손자병법』, 『제손자병법』과 내용상 거의 대응하는 것이 확실해 보인다.

그런데 문제는 죽간으로 나온 병서 가운데 현재의 『손자병법』과 중복되는 13편이 과연 손무와 손빈 어느 쪽의 병서에 속한 것인가

하는 점에 있다. 죽간에는 손무와 손빈 모두 '손자'(손선생님)로 지칭되어 있는 이상, 새롭게 손빈과 관련된 자료가 나왔다는 것만으로 결정될 성격이 아니라 여전히 어느 쪽이라도 취할 수 있을 가능성이 남겨지고 있다.

이 문제를 푸는 열쇠는 13편 『손자병법』의 서술 형식에 있다. 『손자병법』 가운데 「시계」에는 "나는 위의 기준으로 견주어 보면, 어느 편이 이기고 질 것인지 미리 알 수 있다"[吾以此知勝負矣], "만일 이러한 나의 기본 계책을 따라서 군대를 부린다면, 반드시 승리를 거두게 된다"[將聽吾計, 用之必勝]라는 구절이 보이고, 「허실」에서는 "내가 보건대 월나라의 병력이 비록 많다고는 하지만, 병력수가 많다는 것만으로 어떻게 승패가 결정되겠는가?"[以吾度之, 越人之兵雖多, 亦奚益于勝敗哉]라고 쓰여 있다. 결국 13편의 지은이가 스스로를 부르면서 '나'[吾]라고 하는 표현을 쓴다. 게다가 「허실」의 글은 월나라를 적국으로 보는 말투이다. 그러니 그 '나'가 오나라에 가담하여 월나라와의 전투에 참가한 인물임이 분명하다.

애당초 13편의 『손자병법』은 그 전체가 어떤 나라의 군주에게 병법가인 '내'가 자신의 병법(전략 전술)을 설명하는 체재로 일관하고 있다. 이러한 점을 전제로 하고 보면, 13편의 『손자병법』은 오나라와 월나라와의 전쟁이 한창인 때에 오나라 편에서 계략을 펼친 인물이어야 한다. 그러므로 새롭게 출토된 죽간본 『손자병법』에는 「견오왕」(오나라왕을 만나다)이라는 제목을 붙인 편이 들어 있고, 거기에는『사기』와 거의 같은 궁녀들로 용병술을 시범 보인 이야기가 기록되어 있다. 그리고 이 편의 죽간 속에서 '13편'(十三篇)이란 말이 두 번 보인다.

따라서 오나라왕을 만나기 전에 손무가 오나라왕에게 13편의 병서를 제출하였다는 일화는 이미『사기』이전에, 손씨학파(병가) 안에서 전승되어 오던 고사임이 분명하다. 이러한 점으로 보아, '손씨의 도'를 계승하는 손씨학파 내부에서는 13편의『손자병법』이 "오나라와 월나라에서 밝히고, 제나라에서 말하였다"고 한 손무의 저작임은 더욱더 의문의 여지가 없다.

이 점은 새롭게 발견된『손빈병법』에 의해서도 밝혀진다. 새로운『손빈병법』의 출현으로 지금까지 책 이름밖에 알려지지 않았던『제손자병법』의 구체적인 내용이 완전한 모습이든 아니든 간에 처음으로 판명된 것이다. 이『손빈병법』중에서, 특히「금방연」,「견위왕」,「위왕문」,「진기문루」,「강병」5편의 내용은 거기에 등장하는 '손자'가 제나라의 위왕과 장군 전기(田忌)와 전략 전술을 토론한 손빈을 뜻한다는 것이 분명해진다.

만약에 먼저 말한 추론과는 반대로 13편『손자병법』이 앞에서 말한 5편과 함께『제손자병법』의 일부였다고 가정한다면, 둘 사이의 시대나 상황 설정이 완전히 어긋나기 때문에 도저히 하나의 책으로서의 정합성을 유지할 수가 없게 된다. 그래서 이러한 측면에서도 13편의『손자병법』이『제손자병법』의 일부일 가능성은 완전히 배제해도 좋을 것이다.

따라서 지금 전하는 『손자병법』 13편은 『오손자병법』의 일부분이고, 그것은 전국시대에 손무의 병서라고 이어온 13편과 동일하다고 생각된다. 물론 13편이 최종적으로 지금의 모습으로 정착할 때까지는 손무의 후학이나, 손빈과 그 후학이라고 할 수 있는 손자학파의 손이 더해질 수 있을 것이다. 그러나 앞에서 말한 두 병서의 차이점처럼 기병이 전혀 등장하지 않는 등, 『손자병법』에 반영된 시대 배경으로부터도 그 주요 부분은 역시 춘추시대 말기 손무의 병법을 전하고 있다고 보아야 할 것이다.

『손자병법』의 영원한 명성

앞에서 서술하였듯이 『손자병법』 13편은 춘추시대 말기에 오나라왕 합려의 참모인 병법가 손무가 적은 병법서로 전해진다. 손무의 명성은 위나라와 초나라에서 활약한 병법가인 오기(吳起)와 함께 이미 전국시대에 하늘 아래에 떨쳐 울려나갔다. 그리하여 "손자와 오기도 이것(병법)을

법가의 대표자 한비

사용하여 하늘 아래 적이 없었다"(『순자』 「의병」)고 칭송되는 등 여러 학파의 기록에 그 이름이 등장한다.

또한 병서 『손자병법』도 『울료자』(尉繚子) 「장리」(將理)를 비롯하여, 전국시대에서 진한(秦漢) 교체기와 그 이후에 이르기까지 여러 문헌에 그의 문장이 인용되어 있고, 한비(韓非)가 "손자와 오기의 병법책을 갖춘 사람이 집집마다 있었다"(『한비자』「오두」)라고 적을 정도로 전국시대 후기에는 이미 중국 전체에 널리 퍼져서 무사의 필독서가 되었다.

따라서 『손자병법』은 전국시대 말기에 벌써 고전으로서의 지위에 올라 있었다고 할 수 있다. 한나라가 세워진 뒤에도 사마천이 「손자오기열전」의 마지막에 실은 평가에서 "세상에서 전쟁이나 군사에 대해서 말하는 사람은 모두 『손자병법』 13편과 오기의 『병법』을 논한다"라고 말한 것처럼 『손자병법』은 무인들 사이에서 더욱더 많은 독자를 확보해 갔다.

손자의 해석자들

이러한 경향을 반영하여, 한나라를 거치면서 『손자병법』에 많은 주석과 해설이 덧붙여졌다. 그러나 지금 남아 있는 가장 오래되고 가장 뛰어난 주석을 남긴 사람은 『삼국지』의 영웅이며 위(魏)나라 무제(武帝)로 추존된 조조(曹操)이다. 전쟁터에서 일생을 누빈 그였지만 언제나 책을 가까이하여 창을 가로 놓고 글을 짓는다는 횡삭(橫槊)의 시인이라 불릴 정도였다. 특히 그는 "내가 병서와 전략 전술을 많이 보았지만 손무가 저술한 것이 매우 깊이가 있다"(魏武帝「孫子序」)라고 하여 『손자병법』에 매우 깊이 기울어진 심경을 고백하고 있다.

삼국시대의 호걸 조조

당(唐)나라에 들어가서는 시인으로서 유명한 두목(杜牧) 등 『손자병법』에 주석을 붙이는 사람은 늘어나게 되었다. 게다가 송(宋)나라 때가 되면서 『손자병법』은 『오자병법』, 『사마법』(司馬法), 『울료자』, 『이위공문대』(李衛公問對), 『삼략』(三略), 『육도』(六韜)의 병서와 함께 '무경칠서'(武經七書, 군사학의 7가지 근본 경전)라고 하나로 묶여서 군사학 경전의 왕좌를 차지하기에 이르렀다.

이리하여 『손자병법』은 군사학의 고전으로서 조금도 흔들리지 않는 지위를 차지하며 이어져 왔지만, 그 영향은 중국적 세계에만 머물지 않고, 널리 서양에까지 미치었다.

처음에 말한 것처럼 전쟁이란 인간 사회의 일반적인 현상으로 존재해 왔으며, 더구나 승패의 결과가 나라나 민족의 흥망에 곧바로 연결되는 중대사였다. 그렇기 때문에 이미 고대에 숱한 민족이 엄청난 전쟁기록을 남기고 있다. 그러나 그러한 기록들은 어느 것이나 그들이 보고 들은 특정한 전쟁의 과정을 서술한 데 그치고, 형식으로서의 전쟁 자체가 가지는 복잡한 구조를 분석하고 해명하여, 거기에 숨겨져 있는 보편 원칙을 추구하는 단계에까지는 이르지 못하였다.

단순한 전쟁사의 한계를 넘어, 참으로 군사사상이라고 부를 만한 분야를 창조해 낸 것은 전근대에서는 오로지 중국문명뿐이었다. 손자나 오자 등 '병가'라고 부를 수 있는 사람들은 일찍이 기원전 수 세기에 장대한 군사사상의 이론체계를 구축하였기 때문이다.

반대로 서구에서 군사사상의 발전을 되돌아볼 때, 그 본격적인 발걸음은 프랑스의 찰스 8세의 이태리 침입을 계기로 15, 16세기에 촉발되어 마키아벨리에서 겨우 시작되고 있다. 더구나 서구 근대 병학은 봉건시대 기사 군대 이래의 중세적 잔재나, 화폐경제의 발달에서 지탱된 절대왕제 아래의 용병제도 등의 시대적 제약 사이에서 그 후 수백 년에 걸쳐 시행착오를 거듭하지 않으면 안 되었다. 더욱이 독자적인 군사사상이 창조되는 것은 18, 19세기의 나폴레옹 전쟁 이후이다. 그러니 이러한 사실을 새겨 볼 때에 고대 중국의 병법사상은 그 자체가 이미 놀라운 일이 아닐 수 없다.

『손자병법』의 세계로 이끌어 줄 길라잡이

이제 우리는 『손자병법』의 세계로 이끌어 줄 길라잡이들을 살펴보기로 하겠다.

원래 『손자병법』은 앞에서 말한 것처럼 『오손자병법』이나 『손자

13편』과 같은 별칭 외에 『병책』(兵策, 군사 책략)이라는 별명으로도 불렸으며 대략 6,000자 정도의 작은 책이다. 이 『손자병법』은 전승과정에서 대략 세 가지 판본이 있다.

첫째, 『평진관총서』(平津館叢書)에 실려 있는 송본(宋本)이다. 이 판본은 삼국시대 조조가 단 주석을 줄기로 삼고, 그밖의 송대에 이르는 9명의 대표적

『한문대계』본 『손자십가주』

주석을 모아서 『손자십가주』(孫子十家註)라는 이름을 달았다. 이를 청(淸)나라 때의 손성연(孫星衍)이 교정을 보아서 이 총서에 실었다. 지금 『한문대계』(漢文大系) 13의 『무경칠서』(武經七書, 新文豊出版公司, 1978년)라는 이름으로 볼 수 있는 최초의 주석본이다. 본 책도 이 책을 저본으로 하고 다른 판본을 참조하였다.

둘째, 『십일가주손자』(十一家注孫子)본이다. 이 책은 송나라 천보(天保) 시대에 『십가손자회주』(十家孫子會注) 15권을 편집하면서, 두우(杜佑)가 지은 『통전』(通典)에 인용된 『손자병법』(孫子兵法)을 새롭게 편집해 넣었다. 이것이 지금 말하는 『십일가주손자』(十一家注孫子)이다. 첫째 판본을 발전시킨 것이므로 별다른 차이가 없지만, 두우가 인용한 『손자병법』은 지금의 13편이나 죽간본

에서 발견되지 않는 구절들이 있다는 점이 특징이다.

셋째, 『무경칠서』(武經七書)본이다. 송나라 원풍(元豊) 때에 무학(武學, 군사학)을 정식 과거 과목으로 채택하면서 '무경칠서'를 정식으로 기본 과목으로 결정하였다. 첫째와 둘째 판본과 글자가 약간씩 차이가 난다. 『속고일총서』(續古逸叢書)에 이 송본이 인용되어 있다.

이러한 판본 이외에 명(明)나라 때에 유인(劉寅)이 쓴 『무경칠서직해』(武經七書直解)본 속에 들어 있는 『손무자직해』(孫武子直解)는 조선시대 학자들이 많이 참고한 책으로 규장각(奎章閣)에 보관되어 있다. 또한 일본에는 흔히 『앵전본』(櫻田本)이라 불리는 『고문손자』(古文孫子)가 있는데 일본학자들이 많이 참고한 판본이다.

새롭게 출토되어 매우 중요한 원전 자료인 죽간본(竹簡本)은 은작산한묘죽간정리소조(銀雀山漢墓竹簡整理小組)가 정리하여 『은작산한묘죽간』(銀雀山漢墓竹簡)1 『손자병법』(文物出版社, 1985년)으로 출간되었다. 무엇보다 이 판본은 13편과 알려지지 않은 새로운 자료가 소개되고 있는 소중한 자료이다.

다음으로 원전을 해설하고 옮긴 참고서들을 살펴보자.

우리나라에서는 1950년대 이후로 수십여 종의 『손자병법』 번역본이 나왔다. 대부분 짧은 『손자병법』 원문을 풀고 난 다음 갖가지 전쟁 사례나 처세 경험들을 나열하는 방식의 반복이었다. 다만 옮긴이가 주목하여 참고한 책은 성백효 옮김의 『무경칠서』(국방부전사편찬위원회, 1987년)와 한학계의 큰 나무이셨던 김달진 선생의『손오병서』(문학동네, 1998년)이다. 앞의 책은 새로이 발굴된 죽간본을 참고하여 성실하게 다듬은 학술 저작이고, 뒤의 책은 원래 1958년에 출간된『손자병법』으로 나름대로의 문맥과 배경에 대한 해설이 돋보이는 작품이다.

일본 쪽의 번역서로는 가나야 오사무(金谷 治)가 옮기고 주석한『손자』(孫子, 岩波文庫, 1963년)가 대표적이다. 참으로 정밀한 판본 대조와 교정이 돋보이는 모범작이다. 본 책에서 택한 많은 판본 대조의 견해는 이 책을 따른 것이다. 또한 이 책의 성과를 이어받은 마찌다 사부로우(町田三郎)의『손자』(孫子, 中央公論社, 1974년)도 참고할 만하다.

중국 쪽의 참고서로는 다음과 같은 책을 살펴볼 수 있다.

곽화약(郭化若)의『손자역주』(孫子譯註, 上海古籍出版社, 1984년)와『중국고병서명저정화문고』(中國古兵書名著精華文庫)의『선진한삼국』(先秦漢三國, 王貴元 외, 警官教育出版社, 1993년)편은 현대 중국 학자들의 견해를 살펴볼 수 있다. 그리고 전문적인 현대 군사학의 관점과 사회주의 이론의 관점에서 풀이한 주군(朱軍)의『손자병법석의』(孫子兵法釋義, 解放軍出版社, 1986년)가 눈길을 끄는 작품이다.

서양 쪽에서는 영어뿐만 아니라 독일어, 불어, 네덜란드어 등 다양한 언어권의 번역본이 있다는 자료를 보았지만, 옮긴이의 부족한 공부로는 다음 한 가지 영역본만을 확인했을 뿐이다. Samuel Griffith,『The Art of War』(London, 1964년)

이제 우리는 '동양 군사학의 아버지'라 불리는 손무의 정신 세계를 엿보러 갈 것이다.

1. 계획 [計, 始計]
— 싸우기 전에 신중히 계획하라

이 편은 「계」(計) 또는 「시계」(始計)라고 부른다. 나라의 운명을 결정짓는 전쟁을 일으키기 전에 토대가 되는 근본 정책이나 검토해야 할 계획을 말한다. 이 편에서는 먼저 전쟁의 중요성을 강조하면서, 전쟁의 승부를 결정짓는 기본 조건은 전쟁이 일어나기 전에 이미 갖춰져야 함을 말하고 있다. 적군과 아군 양쪽의 정치, 경제, 군사, 기후, 지리, 지도자의 재능 등 주어진 주관적인 조건과 객관적 조건을 들고 있다. 이러한 복합적인 요소들을 살펴보고 견주어 보면 승패를 미리 판단할 수 있다는 내용이다.

손무는 말하였다.

전쟁[1]이란 나라의 중대사이다. 백성의 삶과 죽음을 판가름하는 마당이며, 나라의 보존과 멸망을 결정짓는 길이니, 깊이 삼가며 생각하지 않으면 안 된다.

그러므로 다음의 전쟁의 승패를 결정짓는 다섯 가지 기본 요소를 핵심으로 분석하고,[2] (일곱 가지) 계획에 따라 정세를 비교해 보아야 한다.[3] 이 다섯 가지 기본 요소란 첫째가 정치이고, 둘째가 기

---

1. 원문은 '병자'(兵者)이다. 이 용어는 병기, 병사, 병법, 군대, 전쟁 등의 여러 가지 함축된 의미가 있으나, 여기서는 전쟁을 가리킨다.

2. 원문은 '경지'(經之)이다. 『십일가주손자』(十一家注孫子)에서 왕석(王晳)과 장예(張五)는 날실과 씨실을 뜻하는 '경위'(經緯)로 보았다. 장예는 "위로 다섯 가지 기본 요소의 순서에 따라 날실과 씨실의 기본 줄기를 이룬다"라고 말하였다. 이처럼 어떤 일의 핵심적인 고려 사항 또는 기준을 파악한다, 즉 정세를 명확히 헤아린다는 말로 보았다. 그밖에 다스린다는 뜻도 있는데 앞의 뜻에서 갈라져 나온 뜻이다.

3. 이 문장은 판본에 따라 세 가지로 되어 있다. 첫째, 『손자십가주』(孫子十家注)에는 "그러므로 다섯 가지 비교하는 계획을 세워서 정세를 파악해야 한다"[故經之以伍校之計]라고 하였다. 둘째, 『십일가주손자』에서는 "그러므로 다섯 가지 요소로 정세를 파악하고, 계획으로 비교해야 한다"[故經之以伍事, 校之以計]라고 하였다. 셋째, 『고문손자』(古文孫子)에서는 둘째 원문에 '계'(計)가 '칠계'(七計)로 되어 있다. 1편의 서술 순서에 따라 살펴보면 앞에서 전쟁의 토대가 되는 근본적인 고려 사항으로서 '오사'(伍事)에 대해서 설명이 나온 다음에 뒤에 이를 판단하는 일곱 가지 항목인 '칠계'가 제시되어 있다. 그러므로 둘째와 셋째 원문이 적절한 것으로 보인다. 이 부분은 『주역』(周易)의 '음양팔괘'(陰陽八卦)를 가지고 미래를 예측하는 개념과 상대되는 부분이다. 특히 여기서 '색'(索)자는 『양자법언』(揚子法言)에 따르면 진(秦)과 진(晉)나라 지방에서는 이 글자가 '수를 따져 셈하다'[料數]라는 함의를 가지

후이고, 셋째가 지리이며, 넷째가 장수이고, 다섯째가 법제이다.

孫子曰, 兵者, 國之大事. 死生之地, 存亡之道, 不可不察也.
故經之以伍事, 校之以〔七〕計, 而索其情. 一曰道, 二曰天, 三曰地, 四
曰將, 伍曰法.

첫째, 정치⁴란 백성으로 하여금 전쟁에 대하여 군주와 똑같은
의지를 갖게 하는 것이다. 그러므로 백성들이 군주와 더불어 함
께 살고 죽으며, 나라의 위기에 부딪쳐서도 두려워하지 않을 수
있게 된다.

고 있다. 결국 구체적인 정보 자료를 가지고 판단을 한다는 뜻이다.
4. 원문은 '도'(道)이다. 이는 군주가 평소에 올바른 정치를 펼쳐 백성들이 믿음
과 존경심을 품고 있어서, 백성들이 유사시에 군주의 명분에 뜻을 함께 하
여 거리낌없이 목숨을 던질 수 있게 하는 요소를 말한다. 이러한 생각은 한
나라 때의 책인 『회남자』(淮南子)「병략훈」(兵略訓)에도 이어져 있다. "병사
가 도(道)를 잃으면 약해지고 얻으면 강해지며, 장수가 도를 잃으면 졸렬해
지고 얻으면 교묘해진다. 나라가 도를 얻으면 길이 보존되고 잃으면 멸망한
다.……싸움에서 이기고 지는 것은 본래 정치에 달려 있다. 정치가 백성을
이기면 아랫사람들이 윗사람들을 따라서 병사들이 강해진다. 그런데 백성들
이 그 정치를 이기면 아랫사람들이 윗사람들을 배반하므로 병사들은 약해진
다." 앞에서 도란 결국 명분이나 원칙으로 해석할 수 있다. 그리고 뒤에서 정
치와 백성의 관계를 참조해 보면 『손자병법』 본문의 생각을 알 수 있다.

둘째, 기후[5]란 밝음과 어두움, 맑음과 흐림, 마름과 축축함[6] 그리고 추위와 더위 등 여러 기상 조건과 계절의 변화를 말한다.

셋째, 지리란 길의 멀고 가까움, 지세의 험하고 평탄함, 지역의 넓고 좁음, 지형의 죽을 곳과 살 곳[7]으로 (공격과 방어 또는 전진과 후퇴를 결정짓는) 갖가지 지형 조건을 가리킨다.

넷째, 장수란 정세를 손에 쥐는 지략, 상벌을 공정하게 시행하는

---

5. 원문은 '천'(天)이다. 기후의 변화나 계절의 변화를 가리키는 말이다. 그러나 단순히 하늘의 기상만을 말하는 것이 아니라 하늘과 연관되어 있는 천하의 정세를 함께 다루고 있는 문제이다.

6. 이 세 가지 기후 현상의 원문은 '음양'(陰陽)이다. 음양은 본래 햇볕이 비추는 곳과 등진 곳을 가리키는 말로 앞이 양이고 뒤가 음이다. 『시경』「대아·공유」(大雅·公劉)에 "해그림자를 보고 언덕에 올라가 그늘진 음지와 햇빛 비추는 양지를 본다"[旣景迺岡, 相其陰陽]라는 말이 바로 이 뜻이다. 그러다가 서주 시대 말기에서 춘추시대를 거치면서 하늘과 땅 사이에 있는 온갖 만물을 이루고 있는 두 가지 기(氣)로 해석되었다. 이후 전국시대 말기에 추연(鄒衍)이 음양가라는 학파를 만들면서 음양을 우주 만물의 두 핵심 요소라는 차원에서 한 단계 높여서 우주 변화의 두 가지 반대되는 힘으로서 근본적인 동력이며 법칙으로 보게 되었다. 이 책에서는 이러한 단계까지는 발전되지 않고, 상반되는 여러 기후 현상을 설명하는 것으로 보인다. 그리하여 본문에서와 같이 명암(明暗)·청우(晴雨)·건습(乾濕) 등 대표적인 현상으로 풀어 주었다.

7. 원문은 '사생'(死生)이다. 말 그대로 살 곳인 생지(生地)와 죽을 곳인 사지(死地)를 가리킨다고 볼 수 있다. 그런데 생지에 관해서 9편「행군」에서는 "살 곳(트인 곳)을 바라다보고 높은 곳에 주둔하라"[視生處高]라는 구절이 보인다. 그리하여 지대가 높고 낮음, 즉 고저(高低)를 뜻하는 것으로 보는 견해도 있다. 적을 한 눈에 내려다 볼 수 있는 높은 곳이 생지이고, 적을 볼 수 없는 낮은 곳이 사지라는 것은 병가의 상식이다. 그러므로 생사와 고저는 서로 통할 수 있다.

믿음, 부하를 아끼고 이끄는 어짊, 작전을 추진하는 결단력, 군기를 엄격하게 유지하는 위엄을 갖춘 자를 가리킨다.[8]

다섯째, 법제란 군대의 조직과 편제 단위, 지휘 통신의 수단인 깃발과 악기의 운영 규정, 벼슬 및 계급 체계와 직무의 합리적인 배분, 식량 등 군수물자의 조달과 공급에 관한 업무를 말한다.[9]

道者, 令民與上同意也. 故可與之死, 可與之生, 而民不畏危. 天者, 陰陽寒署時制也. 地者, 遠近險易廣狹死生也. 將者, 智信仁勇嚴也. 法者, 曲制官道主用也.

---

8. 지략, 믿음, 어짊, 결단력, 위엄의 원문은 지(智), 신(信), 인(仁), 용(勇), 엄(嚴)이다. 손자와 함께 병법의 대가로 손꼽히는 오자(鳴子)는 장수의 자질에 대해서 논한 『오자병법』(吳子兵法) 「논장」(論將)에서 똑같이 다섯 가지를 들고 있다. 조직 관리 능력인 이(理), 만약의 일에 대한 준비성인 비(備), 일을 끌고 나가는 과단성인 과(果), 오만하지 않는 조심성인 계(戒), 법규를 지키기 쉽고 간략하게 하는 약(約)이 그것이다. 손자에 비해서 보다 현실적이고 실용적인 규정을 꼽고 있는데 이는 보다 치열해진 투쟁의 시대인 전국시대의 상황을 반영하고 있다.
9. 원문은 '곡제'(曲制), '관도'(官道), '주용'(主用)이다. 조조(曹操)의 주석에 "곡제란 부대의 조직과 편제 단위인 부곡(部曲), 정보의 소통 수단으로서 깃발인 기치(旗幟)와 쇠와 가죽 악기인 금고(金鼓)의 운영 규정이다. 관도는 조정의 벼슬 체계와 식량의 수송로를 말한다. 주용은 주력 부대인 주군(主軍)의 보급 물자이다"라고 하였다.

이 다섯 가지 요소는 장수된 자가 반드시 파악하고 있어야 한다. 이를 깊이 이해하고 장악하고 있다면, 어떤 전쟁이든 승리로 이끌 수 있으며, 그렇지 못할 경우에는 승리를 기대할 수 없다. 그러므로 적군과 아군 양쪽을 비교하면서 다음의 일곱 가지[10]를 기초로 분석해 보아야 그 실제 정세를 파악할 수 있다.

첫째, 군주의 정치는 어느 편이 더 나은가?

둘째, 장수의 지휘는 어느 편이 더 유능한가?

셋째, 기후와 지리 조건은 어느 편에게 더 유리한가?

넷째, 법제는 어느 편이 더 엄격하고 공정하게 시행되는가?

다섯째, 병력과 무기는 어느 편이 더 강한가?

여섯째, 병사의 훈련은 어느 편이 더 잘 되어 있는가?

일곱째, 상과 벌은 어느 편이 더 공정하고 분명하게 시행되는가?

나는 위의 일곱 가지를 기준으로 서로 견주어 보면, 어느 편이 이기고 질 것인지 미리 알 수 있다.

凡此伍者, 將莫不聞. 知之者勝, 不知者不勝. 故校之以〔七〕計, 而索其情. 曰主孰有道, 將孰有能, 天地孰得, 法令孰行, 兵衆孰强, 士卒孰練, 賞罰孰明. 吳以此知勝負矣.

---

10. 원문은 '교지이계'(校之以計)인데, 앞의 각주 3번의 원칙에 따라 '일곱 가지 항목'으로 보고 풀이하였다.

만일 이러한 나의 기본 계책을 따라서 군대를 부린다면, 반드시 승리를 거두게 된다. 따라서 나도 이 나라에 머무를 것이다.[11] 그러나 나의 계책을 따르지 않고서 군대를 부린다면 반드시 패배하게 된다. 따라서 나는 이 나라를 떠날 것이다.

이해득실에 대한 기본 조건을 분석한 다음에 유리한 형세를 만들고, 이것이 밖에서 돕는 보조 조건이 되도록 만든다. 여기서 '형세'란 유리한 조건을 잡아서 상황 변화에 따라 주도권을 손에 넣음[12]을 말한다.

將聽吾計, 用之必勝, 留之. 將不聽吾計, 用之必敗, 去之. 計利以聽, 乃爲之勢, 以佐其外. 勢者, 因利而制權也.

---

11. 기원전 547년에 손무는 제(齊)나라에 내란이 일어나자 오(吳)나라로 망명하여 명장인 오자서(伍子胥)의 추천을 받아 오왕 합려(闔閭)에게 이『손자병법』을 바치고 문답을 나눈 뒤에 등용되었다. 바로 이 때의 일을 가리킨 말인 듯하다.

12. 원문은 '세자, 인리이제권'(勢者, 因利而制權)이다. 여기서 '세'(勢)란 전략상 유리한 형세나 작전상 우세에 있음을 뜻한다. 병가에서 매우 중시하는 개념으로 정치, 경제, 전략, 전술의 모든 면에서 하나의 큰 흐름을 말한다. 그리고 뒤의 '권'(權)은 저울의 추를 가리키는데, 저울추가 물체의 무게에 따라서 그 위치를 바꾸듯 전략이나 작전도 유연하고 탄력 있게 변한다는 뜻이다. 임기응변(臨機應變) 또는 기변(機變)이라는 개념으로 쓰인다. 병가에서 두 개념은 모두 다양한 조건이 부딪히며 미처 변화를 예측하기 어려운 전쟁 상황에서 매우 중요한 요소로 다루어졌다.

병법은 기만술이다. 그러므로 적을 공격할 능력이 있지만 능력이 없는 것처럼 보이게 하고, 공격을 가할 필요가 있지만 공격할 필요가 없는 것처럼 보이게 하며, 가까운 목표를 공격할 계획이지만 멀리 있는 목표를 공격하는 것처럼 보이게 하고, 멀리 돌아갈 계획이지만 가까운 곳으로 움직이는 것처럼 보이게 한다.[13]

또한 적에게 작은 이익을 미끼로 주어 그들을 유인해 내며, 적을 혼란스럽게 하여 기회를 틈타 깨부수며, 적의 힘이 충실하면 더욱 더 든든히 대비하며, 적의 병력이 강대하면 잠깐 결전을 피하여야 하며, 쉽사리 분노하는 적은 집요하게 도발하여 제풀에 기세가 꺾이게 만들며,[14] 아군을 가볍게 보는 적에게는 오히려 비굴한 몸짓으로 그들의 자만심을 더욱 부채질한다. 적이 충분히 쉬어서 안정되어 있으면 계략을 써서 피로하게 만들고, 적군 내부가 친밀하면 이를 이간질시켜 떼어 놓는다.

---

13. 전쟁의 본질에 대해서 분명히 말한 부분이다. 원문인 '궤도'(詭道)는 바로 속임수이다. 이는 이른바 동쪽에서 소란스럽게 소리를 내면서 서쪽을 치는 '성동격서'(聲東擊西)의 전술이다. 적을 속이는 양동(佯動) 작전을 뜻하며, 적의 판단을 혼란시켜 아군의 작전 의도를 숨기기 위한 수단을 보여 준다.

14. 원문은 '노이요지'(怒而撓之)이다. 적을 성내게 하려면 아군이 끊임없이 도발하여 터지게 해야 한다. 또 적군 안에서 어떤 원인으로 해서 스스로 분노를 일으킬 수도 있다. 어떤 경우이든 일단 분노한 상태에 빠진 적은 물불을 가리지 않고 싸움에 몰두하게 된다. 그런데 아군이 끝까지 피하고 싸우지 않는다면, 분노에 사로잡힌 적은 힘을 발휘하지 못하고 날카로운 칼끝이 꺾이게 된다. 전통적으로 정면으로 부딪치지 않고 여기저기 쑤시면서 심리전을 펼치며 적을 괴롭히는 전술이다.

적이 도무지 방어할 생각을 못하는 곳에 공격을 집중하여야 하며, 적이 전혀 뜻하지 못한 의표를 찌르며 출동하여야 한다.[15]

이것이 전쟁에서 승리를 움켜쥐는 길이다.[16] 그러나 (전쟁 상황은 때에 따라 끊임없이 변화하므로 임기응변이 요구되니) 전투가 벌어지기 전에 미리 세운 계획에 얽매여서는 안 된다.[17]

兵者, 詭道也. 故能而示之不能, 用而示之不用, 近而示之遠, 遠而示之近. 利而誘之, 亂而取之, 實而備之, 强而避之, 怒而撓之, 卑而驕之, 佚而勞之, 親而離之. 攻其無備, 出其不意. 此兵家之勝, 不可先傳也.

---

15. 원문은 '공기무비, 출기불의'(攻其無備, 出其不意)이다. 중국인들의 전통적 공격 모형으로 애용되어 온 관용어이다.

16. 원문은 '병가지승'(兵家之勝)이다. 마지막 승(勝)자가 세(勢)자로 되어 있는 판본도 있다. 『십일가주손자』에는 전자로 되어 있는데, 글자 모양이 비슷하여 잘못 쓰인 것으로 보인다.

17. 원문은 '불가선전'(不可先傳)이다. 여기서 전(傳)자는 비밀이 '샐 설(洩)'자나 '말씀 언(言)'자로 보아서 "미리 남에게 낱낱이 말해 버린다"로 풀어서 이해한다. 이는 먼저 앞의 오사칠계(伍事七計)에 따라 정세를 정확히 파악하고, 그에 따른 계획을 충분히 세움을 전제로 한다. 그리고 이러한 정세 판단을 마음속 깊이 새기고 계략을 세우되 함부로 뱉어내어서는 안 된다는 말이다. 뿐만 아니라 이렇게 미리 세운 계략에 얽매어서 변화에 충분히 대처하지 못해서도 안 된다. 이렇게 손자는 장수의 지략을 매우 중시하였다. 이에 반해서 후대의 전략가인 오자는 오히려 승전의 기초를 백성들의 자발성과 능동성에서 찾아 대조를 이룬다.

전쟁을 일으키기 전에 조정에서 전략을 수립하면서[18] 승리를 예측하는 자는 그 계획이 주도면밀하고 다양하다. 그러나 전략을 수립하면서 승리를 예측하지 못하는 자는 그 계획이 치밀하거나 충분하지 못하다. 계획이 다양하면 이기고, 계획이 다양하지 못하면 이길 수 없다. 하물며 아예 계획을 세우지 않는다면, 그 결과는 더 말할 나위가 없다.[19]

---

18. 원문은 묘산(廟算)이다. 여기서 '묘'(廟)는 조정 또는 왕조의 조상 위패를 모신 사당인 종묘를 뜻한다. 그리고 '산'(算)은 산가지로 헤아려서 미래의 상황을 점치는 행동을 말한다. 고대에 전쟁에 나갈 때는 먼저 이 '묘'에서 출정 의식을 거행하고, 대신들이 기본적인 작전을 토론하여 결정하는 관습이 있었다. 한나라 때의 『회남자』「병략훈」에 나오는 묘전(廟戰)과 같은 말이다. 앞뒤 문장을 살펴보면, "용병을 잘하는 자는 반드시 먼저 스스로 조정과 태묘에서의 정치를 잘한다.……그러므로 조정의 묘당 위에서 정치를 펼쳐도 천리 밖의 일도 마음대로 하게 된다"고 하였다. 가장 뛰어난 전략가란 싸움질에 뛰어난 사람이 아니라, 바로 조정에서의 정치를 잘하여 나라의 기초를 튼튼히 하는 자이다. 또 같은 편에 나오는 출전 과정에 대해서 묘사하는 부분도 참조해 보자. "장수가 임명을 받으면 점치는 벼슬아치들에게 사흘 동안 재계한 다음, 태묘에 나가서 영험한 거북 껍질로 점을 쳐서 길한 날을 정하여 깃발을 받는다. 그때 군주는 태묘의 문으로 들어가 서쪽을 향하여 서고, 장군은 태묘의 문으로 들어가 종종 걸음으로 가서 묘당 아래에서 북쪽을 향하여 선다. 그러면 군주는 몸소 모든 권력을 상징하는 도끼를 내려 준다.……그러고 나서 장수는 손톱을 자르고 상복을 입고서 관이 나가는 북쪽 문을 통해서 나간다." 태묘에서 장례를 치르듯 엄숙하고 비장하게 출전하는 모습을 묘사한 것이다. 이는 적과 부딪쳐 싸울 때 목숨을 돌보지 않겠다는 결연한 의지를 보여 주는 것이다. 본문에서는 바로 이 태묘의 출전 과정에서 점을 치고 전략을 논의하는 과정으로 풀었다.
19. 여기서 승리의 조건에 대해서 손무의 후손인 손빈(孫臏)도 『손빈병법』(孫臏 兵法)「객주인분」(客主人分)에서 이렇게 힘주어 말하였다. "병력이 많다고 해

이런 측면을 살펴보면, 어느 편이 이기고 질 것인지 미리 알 수 있다.

夫未戰而廟算勝者, 得算多也. 未戰而廟算不勝者, 得算少也. 多算勝, 少算不勝, 而況於無算乎. 吾以此觀之, 勝負見矣.

서 모두 승리할 수 있는가? 그렇다면 주판을 가지고 적과 아군의 머리 수만 세면 되지, 굳이 전술을 세울 필요는 없다. 무기와 보급이 충분하다고 모두 싸움에 이길 수 있겠는가? 그렇다면 가마니 숫자만 헤아리면 되지, 굳이 싸울 필요가 있겠는가?〔衆者勝乎, 則投算而戰耳. 富者勝乎, 則量粟而戰〕 조정에서 충분히 전략을 세우고, 적과 아군의 힘을 재보고 치밀하게 준비해야 한다. 손자는 철저한 사전 준비와 계획을 강조하면서 어느 한 가지 요소만 우세하다고 준비를 소홀히 하거나, 책상 위에서 숫자만 비교해서는 절대로 이길 수 없음을 강조한 것이다.

2. 작전 [戰, 作戰]

― 오래 끌지 말고 속전속결하라

이 편은 「작전」(作戰) 또는 「전」(戰)이라고 부른다. 전쟁이란 사람, 물자, 정치의 바탕 위에서 이루어지는 총체적인 인간 활동이다. 그러므로 전쟁의 승부가 직접적인 군사력 이전에 그 배경이 되는 경제력의 강약에 따라 좌우되고 결정된다는 점을 분명히 밝히고 있다.

이 책이 쓰여진 2,500여 년 전의 생산 수준은 지금에 비하면 전혀 비교가 되지 않을 만큼 뒤떨어져 있고, 물자도 풍족하지 못하고, 군대 조직도 체계적이지 못하였으므로, 손무는 제한된 사람과 경제의 조건 아래에서 전쟁을 치러야 한다는 것에 주의하였다. 그래서 "전쟁이란 빨리 이기는 것을 중요하게 여기시, 질질 끄는 것을 싫어한다"[兵貴勝, 不貴久]라는 속전속결을 주장하고, "적지에서 식량을 빼앗아 수요를 채워라"[因糧於敵]라는 주장을 제시하였다.

손무는 말하였다.

나라에서 군대를 동원하여 전쟁을 하려면, 빠르고 가벼운 전투용 전차 천 대[1]와 운반용 수레 천 대[2] 그리고 무장한 병사 10만 명[3]을 출동시켜야 하며, 게다가 천 리 길에 걸쳐서 군량미를 수송하고 물자를 보급해야만 한다. 그러니 이렇게 하려면, 전방과 후방에서 들어가는 경비, 국빈이나 사신과의 외교에 쓰이는 접대, 무기와 장비를 만들거나 고치는 데 들어가는 물자,[4] 수레와 갑옷을 수리하고 보충해 주는 데에 필요한 비용을 합쳐서 하루에 천 금[5]에 이

---

1. 원문은 '치차천사'(馳車千駟)이다. 치차는 빨리 달릴 수 있도록 만든 경량급의 쾌속 전투용 전차이다. 말을 모는 마부, 활을 쏘는 궁사, 창을 든 병사 등 갑사(甲士) 셋이 올라타고 적을 공격한다. 이 전차 한 대를 말 네 필이 끌기 때문에 '사'(駟)라고 불렸는데, 나중에 전차를 세는 단위로 바뀌었다.

2. 원문은 '혁차천승'(革車千乘)이다. 혁차는 식량이나 군사 장비를 수송하는 중량급 운반용 수레이다. 가죽으로 바퀴와 굴대를 감쌌으므로 가죽 수레인 혁차라고 부른 것이다. '승'(乘)은 수레의 숫자를 세는 단위로 양(輛)자와 같은 뜻이다.

3. 원문은 '대갑'(帶甲)이다. 본래는 갑옷을 입고 투구를 쓴 무장한 병사 한 명을 뜻하였다. 그러다가 군대 일반을 가리키거나 보병을 일컫는 말이 되었다. 병서인 『사마법』(司馬法)의 주석에 따르면, 고대의 군대는 전차 1승에 갑사 3명, 보병 72명, 취사병 10명, 장비 담당 5명, 말 사육병 5명, 일종의 공병대인 사역병 5명을 합쳐서 1백 명이 배치되었으므로 전차 천 대가 동원되면, 따라서 병력도 10만 명이 동원되게 된다.

4. 원문은 '교칠지재'(膠漆之材)이다. 이는 아교와 옻칠에 필요한 재료를 가리키는데, 전쟁 무기인 활, 화살, 갑옷, 방패를 만들거나 고치는 데 없어서는 안 되는 재료이다. 그러므로 무기나 장비를 제작하거나 수리하는 물자로 풀었다.

5. 금(金)은 고대 화폐의 단위로서, 중량을 기준으로 하여 1금은 20냥(兩) 내지

르는 막대한 전쟁 비용이 들어간다. 이러한 전쟁 비용을 확보할 수 있을 정도로 국력이 갖추어져야만 비로소 10만 명의 대군을 출동시킬 수 있다.

孫子曰, 凡用兵之法, 馳車千駟, 革車千乘, 帶甲十萬, 千里饋糧, 則內外之費, 賓客之用, 膠漆之材, 車甲之奉, 日費千金, 然後十萬之師擧矣.

그러므로 (이토록 방대한 규모의 군대를 동원하여) 전쟁을 할 때에는 속전속결로 승리하여야 한다.[6] 싸움을 질질 끌게 되면 병사들이 피로해지고 사기가 꺾이게 되며, 적의 성을 공격하게 되면 병력을 많이 잃게 된다. 그리고 군대를 나라 밖으로 끌고 나가서[7] 오래

24냥에 해당하며, 1일(鎰)이라고도 한다. 여기서는 매일 막대한 금액의 전쟁 비용이 소모된다는 비유로 쓰인 것이다.

6. 원문은 '기용전야승'(其用戰也勝)이다. 『태평어람』(太平御覽)에는 '승'(勝)자가 빠져 있다. 『십일가주손자』 등을 참조해서 넣었다. 또 이 '승'자를 앞 문장에 붙이느냐, 뒷문장에 붙이느냐에 따라 뜻이 달라진다. 앞에 붙이면 속전속결로 승리를 쟁취한다는 뜻으로 풀 수 있고, 뒤에 붙이면 전쟁을 오래 끌면이라고 풀 수 있다. 이 편의 결론인 "전쟁이란 빨리 이기는 것을 중요하게 여기지, 질질 끄는 것을 귀하게 여기지 않는다"〔兵貴勝, 不貴久〕라는 구절에서 속전속결을 뜻하는 '승'과 지구전을 뜻하는 '구'는 상대되고 독립된 개념임을 알 수 있다. 이에 따라 승을 앞 문장에 붙여서 풀이하였다.

7. 원문은 '폭사'(暴師)이다. '폭'(暴)은 햇빛에 쬘 폭(曝)자의 본자로 노출시킨다

도록 작전하면 나라의 재정이 말라 버리게 된다.

장기전으로 병사들이 피로해지고 사기를 잃게 되고, 병력 손실이 많아지고 재정이 말라 버리면, 이웃의 다른 나라가 그 어려운 틈을 타서 치고 들어오게 된다. 그렇게 되면 제 아무리 지혜로운 자라도 그 뒤를 수습할 수 없다. 그러므로 전쟁 준비에 다소 모자란 점이 있더라도 속전속결을 추구하여 승리한 경우는 들어 보았지만, 전쟁 준비를 완벽하게 갖추고 장기전을 치르며 승리한 경우는 본 적이 없다.[8] 대개 전쟁을 오래 끌어서 나라에 이로운 경우는 결코 없다. 그러므로 장수가 군대를 움직일 때의 해로운 면을 완전히 이해하지 못하면, 군대를 움직일 때의 이로운 면도 완전히 이해할 수가 없다.

는 말이다. 그리고 '사'(師)는 당시 군대의 편제로 사단을 뜻한다. 결국 폭사란 대군을 나라 밖으로 멀리 이끌고 나가서 위험에 노출시키는 것을 말한다. 그러니 이에 따르는 비용이나 피해도 늘어나게 된다는 말이다.

8. 앞뒤 원문의 핵심은 '졸속'(拙速)과 '교지구'(巧之久)이다. 졸속은 준비가 소홀하거나 서투르지만 빨리 처리하는 것을 말한다. 그리고 뒤의 '교지구'는 『북당서초』(北堂書鈔)에는 '교구'(巧久)로 쓰여져 있다. 앞뒤 문장의 대구를 맞춰 보면 '지'(之)자는 빼도 좋을 듯하다. 아무튼 준비를 철저히 하고 충분히 살펴서 천천히 싸움에 임하는 것을 말한다. 손자는 전쟁의 토대가 되는 경제를 충분히 고려한다면, 졸속으로라도 속전속결이 좋다는 말을 하고 있다. 1편에서 신중하고 치밀한 정세 분석과 계획 수립을 힘주어 말하였지만, 실제로 전쟁에 임해서는 번개처럼 치고 빠지는 전략을 써서 희생을 줄여야 함을 말하고 있다.

其用戰也勝, 久則鈍兵挫銳, 攻城則力屈, 久暴師則國用不足. 夫鈍兵挫銳, 屈力殫貨, 則諸侯乘其弊而起, 雖有智者, 不能善其後矣. 故兵聞拙速, 未睹巧之久也. 夫兵久而國利者, 未之有也. 故不盡知用兵之害者, 則不能盡知用兵之利也.

전쟁을 잘 이끄는 장수는 한 사람을 두 번 거듭해서 징집하지[9] 않고, 식량을 국경 밖으로 여러 차례[10] 실어 나르지 않는다. (무기와 장비는) 자기 나라에서 가져다 쓰지만, 식량은 적지에서 빼앗아 해결한다. 그렇게 해야 그 군대는 필요한 식량을 넉넉하게 확보할 수 있다.

전쟁을 하면서 나라의 재정이 가난해지는 이유는 병사와 보급 물자를 먼 거리로 수송해야 하기[11] 때문이다. 이렇게 수송로가 길어지면 백성의 부담이 커져서 가난해진다. 군대가 주둔한 지역은

---

9. 원문은 '재적'(再籍)이다. 원래 '적'(籍)은 병사나 인부로 복무해야 할 백성들의 현황을 기록한다는 뜻이다. 그래서 이 말이 병사나 인부로 징발된다는 뜻으로 쓰이게 되었다.

10. 원문은 '삼재'(三載)인데, 『태평어람』에는 '재재'(再載)로 쓰어 있다. 두 경우 모두 두 번이나 세 번 실어 날랐다는 횟수보다는 여러 번 실어 날랐음을 뜻하는 것이다.

11. 원문은 '원수'(遠輸)인데, 『태평어람』에는 '원사원수'(遠師遠輸)라고 쓰어 있다. '원수'는 물자의 수송을 뜻하고 '원사원수'는 병사와 물자의 수송을 뜻한다. 그래서 보충해서 풀었다.

물가가 오르고, 물가가 오르면 백성들이 쓸 물자가 모자라게 된다. 나라의 물자가 다 말라 버리면 이를 채워야 할 부역의 부담[12]이 급격하게 늘어나게 된다.

　이렇게 군사력이 소모되고 나라의 재정이 말라 버리면, 나라 안은 집집마다 텅 비게 되고, 백성의 재산은 열에 일곱[13]이 소모된다. 게다가 나라의 재정도 부서진 전차와 병들고 시달린 말을 비롯하여 갖가지 전투 장비나 무기[14] 그리고 운송 수단[15]의 손실 때문에 그 열의 여섯이 소모된다.

　善用兵者, 役不再籍, 糧不三載, 取用於國, 因糧於敵, 故

---

12. 원문은 '구역'(丘役)이다. '구'(丘)는 고대 중국의 행정조직 단위이며, 정전제(井田制)에 따라서 8가호(家戶)를 1정(井), 4정을 1읍(邑), 4읍을 1구(丘), 4구를 1전(甸)으로 규정하였다. 『사마법』의 주석에서 두목(杜牧)은 전쟁이 일어나면 1구마다 말 1필, 소 4마리, 수레 1대, 갑사 3명, 보병 72명을 징발한다고 했다. 이런 병사와 물자의 공급이 지역 단위로 부담이 늘어난다는 뜻이다.

13. 원문은 '십거기칠'(十去其七)이다. 1972년 발견된 한묘(漢墓) 죽간본(竹簡本)에는 '10분의 6'(十去其六)이라고 쓰여 있으나, 과반수 이상의 손실을 가리키는 말로서 별다른 차이가 없다.

14. 원문은 '갑주시노, 극순폐로'(甲冑矢弩, 戟楯蔽櫓)이다. 통틀어서 전투 장비와 무기를 뜻한다. 갑주는 갑옷과 투구를 뜻하며, 시노는 활과 쇠뇌를 말한다. 극순은 두 가닥 창과 방패이며, 폐로는 병풍처럼 둘러쳐서 군대를 가리고 보호하는 대형 방패나 전차의 방어 장비를 일컫는다.

15. 원문은 '구우대차'(丘牛大車)이다. 한 마디로 여러 마리의 소가 끄는 큰 짐수레를 말한다. 구우란 각 지역에서 징발한 소라는 뜻이다.

軍食可足也. 國之貧於師者遠輸, 遠輸則百姓貧. 近於師者貴賣, 貴賣則百姓財竭, 財竭則急於丘役. 力屈財殫, 中原內虛於家, 百姓之費, 十去其七. 公家之費, 破車罷馬, 甲冑矢弩, 戟楯蔽櫓, 丘牛大車, 十去其六.

그러므로 지혜로운 장수는 적지에서 식량을 빼앗으려고 노력한다. 적의 식량 10섬[16]을 얻으면 본국에서 200섬을 보급 받는 것과 같으며, 현지에서 사료 1섬[17]을 얻으면 본국에서 20섬을 보급 받는 것과 같은 효과가 있다. 병사들이 용감하게 적을 무찌르게 하려면 적개심[18]을 길러 주어야 하며, 적의 물자를 잘 빼앗게 하려면 재물로 상을 주어 권장하여야 한다.

전차 전투에서 적의 전차를 10대 넘게 노획했다면, 가장 먼저

---

16. 원문은 '일종'(一鐘)인데 종은 춘추시대의 수량 단위이다. 제나라에서는 공식적으로 640되(升)를 1종으로 규정하였지만, 백성들 사이에서는 1,000되가 1종이었다. 앞의 규정을 옛 제도인 구제(舊制)라고 하고, 뒤의 규정을 새 제도인 신제(新制)라고도 불렀다. 본문에서는 우리의 전통 도량형인 섬을 가지고 비율을 나타내었다.

17. 원문은 '일석'(一石)이다. 중량의 단위로서 약 120근(斤)에 해당한다. 이 역시 본문에서 우리의 단위인 섬으로 바꾸어 비율을 표시하였다.

18. 원문은 '노'(怒)이다. 병사들의 사기를 드높인다 또는 격려한다라는 뜻으로 풀이할 수 있다. 결국 적을 죽여야 내가 살 수 있는 전쟁터에서 적에 대한 치열한 적개심을 갖고 있어야 사기가 오르게 된다는 말이다.

빼앗은 자에게 상을 내려 주며, 적 전차의 부대 깃발을 아군의 깃발로 바꾸어 아군 전차와 함께 섞어서 사용한다. 그리고 포로로 잡힌 적에게 잘 해주어 아군으로 전향하게 한다.[19] 이른바 '싸워 이길수록 더욱 강해진다'는 것은 이런 경우를 두고 한 말이다.

故智將務食於敵. 食敵一鍾, 當吾二十鍾. 芑秆一石, 當吾二十石. 故殺敵者, 怒也, 取敵之利者, 貨也. 故車戰得車十乘已上, 賞其先得者, 而更其旌旗, 車雜而乘之, 卒善而養之, 是謂勝敵而益强.

그러므로 전쟁에 있어서는 속전속결로 이기는 것이 중요하며, 가능한 한 지구전은 피해야 한다. 이와 같은 전쟁의 본질을 깊이 아는 장수가 바로 백성의 목숨과 운명을 한 손에 쥐고 있고,[20] 나

---

19. 원문은 '졸선이양지'(卒善而養之)이다. 새로 발굴된 죽간본에는 '졸공이양지'(卒共而養之)로 되어 있어, "적의 포로를 아군과 함께 편성한다"는 뜻이 된다. 춘추시대 당시에는 비슷한 지역과 민족이었으므로 국경과 혈족의 관념이 투철하지 않았다. 그러므로 살기 위해서 망명하거나 항복하기가 쉬웠으리라 생각된다. 그러므로 죽간본에 따른 해석도 가능하다.

20. 원문은 '민지사명'(民之司命)이다. 앞에 '생'(生)자가 들어가 있는 판본도 있는데 『태평어람』과 『손자십가주』에는 생략되어 있다. 모두 백성을 뜻하는 말이므로 문제가 없다. 사명은 사람의 목숨과 운명을 좌우한다는 별의 이름으로, '구원'(救援)한다는 의미도 있다.

라의 흥망을 어깨에 짊어진 인물이다.

故兵貴勝, 不貴久. 故知兵之將, 〔生〕民之司命, 國家安危之
主也.

3. 전략 [攻, 謀攻]
— 적을 알고 나를 알면 백 번 싸워도 위태롭지 않다

이 편은 「공」(攻) 또는 「모공」(謀攻)이라고 부른다. 실제 전쟁에 들어가기에 앞서 세우는 공격 전략과 전술에 관한 문제를 논하고 있다. 여기서 손자가 말하는 '모공'이란 전략 전술로 적을 무릎 꿇게 한다는 뜻이다. 그는 가장 좋은 결과는 싸우지 않고 목적을 달성하는 것이므로 전면전보다는 모략술로 평화롭게 이기는 편을 좋아하였다. 그밖에 싸움에서 승리와 패배의 의미, 공격 목표와 작전 방법, 승리를 예측하는 방법 등이 포함되어 있다. 그리고 "적을 알고 나를 알면, 백 번 싸워도 위태롭지 않다"〔知彼知己, 百戰不殆〕라는 명언으로 결론을 맺고 있다.

손무가 말하였다.

전쟁의 법칙에 따르면, 적국을 온전히 두고서 굴복시키는 것이 최상책이며, 전쟁을 일으켜 적국을 깨부수고 굴복시키는 것은 차선책이다. 적의 전군[1]을 온전히 두고서 항복시키는 것이 최상책이며, 전투를 벌여서 전군을 깨부수고 항복시키는 것은 차선책이다. 적의 대대[2]를 온전히 투항시키는 것이 최상책이며, 적의 대대를 격파하는 것은 차선책이다. 적의 중대[3]를 온전히 굴복시키는 것이 최상책이며, 적의 중대를 무찌르는 것은 차선책이다. 적의 분대[4]를 온전히 생포하는 것이 최상책이며, 적의 분대를 베어 죽이는 것은 차선책이다. 그러므로 싸울 때마다 이기는 것은 최선의 방법이 아니며,[5] 싸우지 않고도 적을 완전히 굴복시키는 전술이 가장 좋은 방법이다.

---

1. 원문은 '군'(軍)이다. 『사마법』을 인용한 조조의 주석에 따르면, 1군의 편성 병력은 12,500명이다. 보통 전체 군대를 통틀어 가리킨다.

2. 원문은 '여'(旅)이다. 부대 편성 단위로 당시 1개 여는 5백 명의 병력으로 편성되었다.

3. 원문은 '졸'(卒)이다. 부대 편성 단위로 1백 명 또는 그 이상으로 편성된 소부대를 뜻한다.

4. 원문은 '오'(伍)이다. 병사 5명에서 100명 사이의 편제이다. 여기서는 생포 내지 무기를 놓고 자진 투항하도록 유도한다는 뜻이다.

5. 앞 부분의 원문은 '백전백승'(百戰百勝)이다. 전쟁의 역사 이래로 '백전백승'을 이룩한 장수는 드물다. 이런 이상적인 장수를 손무는 '최선의 방법이 아니다'〔非善之善者也〕라고 지적하였다. 손무에게 있어 '최선'〔善之善〕의 의미는 '아군과 적군의 희생이 없이 완전한 승리를 추구하는 전쟁'이다.

孫子曰, 凡用兵之法, 全國爲上, 破國次之, 全軍爲上, 破軍次之, 全旅爲上, 破旅次之, 全卒爲上, 破卒次之, 全伍爲上, 破伍次之. 是故百戰百勝, 非善之善者也. 不戰而屈人之兵, 善之善者也.

따라서 전쟁에서 최상책은 계략으로 적을 굴복시켜 승리를 거두는 것이며, 차선책은 외교를 통해서 적의 동맹을 끊어 버려서 적을 굴복시키는 것이다. 그 다음 방법은 병력을 동원하여 야전에서 적군을 격파하여 승리를 거두는 것이며, 가장 나쁜 방법은 적이 지키고 있는 성을 직접 공격하는 것이다.

이렇게 성을 공격하는 공성전은 어쩔 수 없을 경우에만 선택하는 방법이다. 성을 공격하는 데에 필요한 방어용 방패[6]와 엄호용 수레인 분온[7]을 제작하고, 공성 기구와 장비를 갖추려면 3개월이

---

6. 원문은 '수로'(修櫓)이다. 여기서 '수'(修)는 '제조한다'나 '갖춘다'는 뜻이며, '노'(櫓)는 부대를 둘러쳐서 방어하는 거대한 방패이다. 2편 「작전」의 주석 14번을 참조.

7. 분온(轒轀)은 고대에 쓰였던 공성용의 네 바퀴 수레이다. 정면과 좌우 측면에 대형 방패인 노(櫓)를 장착하고, 윗면은 날 쇠가죽으로 덮었다. 그리고 그 속에 10명의 병사가 들어가서 엄호를 받으면서 적의 성채를 향해 밀고 나가도록 제작되어 있다. 흙을 운반하여 성 주변의 함정이나 해자나 참호를 메우고, 화살과 돌멩이 공격으로부터 병사들을 보호하는 데 사용하였다. 그리고 사다리가 달려 있는 경우도 있는데 이를 통해서 성을 넘어갈 수 있다. 조조의

공성용(攻城用) 병기

들어간다. 또한 성을 관찰하고 공격하기 위한 흙 망루[8]를 쌓는 데
도 3개월[9]이나 걸린다. 이와 같이 공성 준비를 하는 동안에 장수는
초조와 분노를 이기지 못하고, 무리한 공격명령을 내려 휘하의 병

주석에 따르면, 이 수레는 적의 성이나 방어 둔덕에 접근하는 부대를 엄호하
기만 할 뿐, 직접 성채를 파괴할 능력은 없었다고 한다.

8. 원문은 '거인'(距闉)이다. 적의 성벽에 바짝 다가가 그 성벽 높이보다 높이 흙
을 쌓아 올리는 인공 언덕인 셈이다. 그 위에서 성 안의 정세를 관찰하거나,
전투할 때에 활을 쏘거나 돌을 던지며 주력 부대의 공격을 지원하였다.

9. 앞의 문장과 함께 여기서 말하는 3개월이라는 시간은 실제의 필요 일수가 아
니라, 공성 장비나 여건을 준비하는 데 오랜 시일이 걸린다는 뜻이다.

력을 개미떼처럼 성벽에 기어오르게 한다.[10] 그 결과 병력의 3분의 1을 죽음으로 내몰지만, 적의 성은 무너뜨리지 못한다. 이런 까닭에 함부로 성을 공격하는 재앙을 무릅써서는 안 된다고 하는 것이다.

故上兵伐謀, 其次伐交, 其次伐兵, 其下政攻城. 攻城之法, 爲不得已. 修櫓轒轀, 具器械, 三月而後成, 距闉, 又三月而後已. 將不勝其忿而蟻附之, 殺士三分之一而城不拔者, 此攻之災也.

그러므로 전쟁을 잘 아는 장수는 싸우지 않고도 적군을 굴복시키며, 적의 성을 공격하지 않고도 무너뜨리며, 장기전을 치르지 않고도 적국을 격파한다. 이렇게 반드시 적국의 모든 것을 온전히 둔 채 천하의 패권을 손아귀에 넣는다. 그러므로 아군의 손실이 없이 완전히 승리를 거두게 된다. 이것이 바로 계략으로 공격하는 '모공'의 법칙이다.

故善用兵者, 屈人之兵而非戰也, 拔人之城而非攻也, 毀人

---

10. 원문은 '의부'(蟻附)이다. 개미떼가 목표물에 잔뜩 달라붙어서 기어오르듯 병사들이 성벽을 오르며 무리하게 공격한다는 뜻이다.

之國而非久也, 必以全爭於天下. 故兵不頓而利可全, 此謀攻
之法也.

　그러므로 전쟁의 원칙은 병력이 적군보다 10배일 때에는 적을
포위하고, 5배일 때에는 적을 공격하며, 2배일[11] 때에는 계략을 써
서 적을 분산시키며, 병력이 적과 비슷할 때에는 전력을 다하여 싸
워야 하며, 병력이 적군보다 적을 때에는 적과 부딪치지 말고 싸움
터에서 벗어나야[12] 하며, 상황이 뜻대로 되지 않을 때에는 전투를
피하여야 한다. 그러므로 군사력이 처지면서 수비를 굳게 하고 버
티면, 강력한 적의 포로가 될 따름이다.

---

11. 원문은 '배즉분지'(倍則分之)로 '2대 1의 우세한 병력으로 열세에 처한 적의
　　병력을 분산시켜 각각 격파한다'라는 해석과 '적보다 2배 우세한 아군의 병
　　력을 2개 방면으로 나누어, 적의 정면과 측면을 협공한다'라는 해석이 있다.
　　앞의 해석은 적을 나누는 전술이고, 뒤의 해석은 아군을 둘로 나누는 전술이
　　다. 흐름으로 보아 옮긴이는 앞의 해석을 따라 풀이하였다.

12. 원문은 '소즉능도지'(少則能逃之)이다. 학설에 따라서 '달아날 도(逃)'자를 '도
　　발할 도(挑)'자로 보고, '산발적인 도전으로 적을 혼란시킨다'는 뜻으로 해석
　　하기도 한다. 그리고 조조처럼 "성벽을 높이고 방벽을 견고하게 만들어, 수
　　비에 치중하면서 부딪쳐 싸우지 않는다"(高壁堅壘, 勿與戰也)는 해석도 있
　　다. 다른 판본에는 '소즉능수지'(少則能守之)로 기록되어 있기도 한다. 그리
　　고 여기서 나오는 '능'(能)을 왕인지(王引之)의 『경전석사』(經傳釋詞)에서는
　　'내'(乃)로 보았다. 옮긴이는 원 글자의 뜻에 따라 풀이하였다.

故用兵之法, 十則圍之, 伍則攻之, 倍則分之, 敵則能戰之,
少則能逃之, 不若則能避之. 故少敵之堅, 大敵之擒也.

　장수는 나라를 보좌하는 버팀목이다.[13] 그 보좌함이 주도면밀하
면 나라는 반드시 강성해지며, 그 보좌함에 틈이 있으면 나라는 반
드시 쇠약해진다. 그러므로 군주가 (이러한 장수를 믿지 못하고) 군
대의 지휘권을 간섭하여 해를 끼치는 경우는 다음의 세 가지 상황
이 있다.
　첫째, 군대가 나갈 수 없는 상황인데도 전진 명령을 내리거나,
후퇴해서는 안 되는 상황인데도 후퇴 명령을 내리는 경우이다. 이
러한 군을 '재갈 물려진 군대'[14]라고 일컫는다.

---

13. 보좌하는 버팀목의 원문은 '보'(輔)이다. 보는 수레의 양 차축(車軸)을 버티는
　　덧방나무로 수레(나라)가 안전하려면 바퀴(군대)가 빠져나가지 못하게 버텨
　　주는 덧방나무가 튼튼하고 차축에 딱 들어맞게 끼워져야 한다. 바로 이 점을
　　이 문장에서 강조하고 있다. 이렇게 보(장수)와 차축(군주)의 사이가 긴밀하
　　지 못하면 바퀴(군대)가 부드럽게 돌아가지 않는다. 그러므로 장수가 무능하
　　면 병법이나 전략을 모르는 군주가 군대의 지휘를 간섭하게 되어 패배로 이
　　르게 된다. 그래서 손자는 승리를 위한 다섯 조건 가운데 "장수가 유능해서
　　군주가 간섭하지 못할 때"를 꼽고 있는 것이다.
14. 원문은 '미군'(縻軍)이다. 여기서 '미'(縻)는 원래 소의 재갈을 뜻하는 말이었
　　는데 여기서 견제하다, 통제하다, 압박하다, 멍에나 재갈을 물리다라는 뜻이
　　파생되어 나왔다.

둘째, 군주가 전체 군대[15] 내부의 사정을 모르면서 현지 군대의 인사나 행정에 간섭하는[16] 경우이다. 이렇게 되면 병사들이 헷갈리게 된다.

셋째, 군주가 전쟁의 권모술수[17]를 모르면서 지휘를 간섭하는 경우이다. 이렇게 되면 전체 병사들이 자신감을 잃고 의심을 품게 된다.

이렇게 전체 군대 안에 갈팡질팡하고 믿지 못하는 마음이 퍼지면 적국이 그 빈틈을 노리고 쳐들어오게 된다. 이것이 바로 '스스로 아군을 혼란시켜서 적이 승리하도록 이끌어 준다'[18]는 말이다.

---

15. 원문은 '삼군'(三軍)이다. 옛날 주(周)나라 제도에 따르면 천자는 여섯 군대인 육군(六軍)을 보유하고 있었고, 제후는 삼군(三軍)을 유지하였다. 군대의 편제로 보면 1군은 12,500명이니 3군은 37,500명의 병사로 이루어져 있다. 이러한 의미에서 전체 군대 또는 대군이라는 뜻이 파생되어 나왔다.

16. 간섭의 원문은 '동'(同)으로 군주 자신의 의지와 똑같이 만들기 위해서 간섭한다는 뜻이다.

17. 원문은 '권'(權)으로 원래 저울추를 뜻하였다. 저울의 원리처럼 상황의 변화에 따라 대응 방식이 달라진다는 점에서 권은 매우 중요한 전술 개념이다. 권도(權道)라고 하면 긍정적인 의미로는 상황에 따라 적절하게 대응하는 임기응변술을 뜻하고, 부정적인 의미로는 정식이나 정통 방법인 정도(正道)를 쓰지 않고 기만술이나 속임수를 쓴다는 뜻으로 쓰인다. 전쟁이라는 적나라한 투쟁의 장에서는 정도와 권도가 끊임없이 변화하면서도 상황을 타개해 나가야 하는 것이다. 정공법과 기습법을 말하는 '정기'(正奇) 개념과 함께 중요하게 다루어졌다. 다른 말로 권변(權變) 또는 권모(權謀)라고 불렸다.

18. 원문은 '난군인승'(亂軍引勝)이다. 난군은 아군 내부에 분란이 일어난다는 말이다. 그만큼 군주와 장수 사이의 지휘권의 통일과 분담이 중요하다는 말이다. 인승에서 '인'(引)은 주석가에 따라서는 '실'(失)과 '거'(去)로 보고 (적에게)

夫將者, 國之輔也. 輔周則國必强, 輔隙則國必弱. 故君之
所以患於軍者三. 不知軍之不可以進, 而謂之進. 不知軍之不
可以退, 而謂之退. 是謂縻軍. 不知三軍之事, 而同三軍之政
者, 則軍士惑矣. 不知三軍之權, 而同三軍之任, 則軍士疑矣.
三軍既惑且疑, 則諸侯之難至矣. 是謂亂軍引勝.

전쟁의 승리를 미리 아는 데는 다섯 가지 요건이 있다.

첫째, 싸워야 할 때와 싸워서는 안 될 때를 분명하게 판단할 줄
아는 자는 승리한다.

둘째, 병력이 많은 경우와 적은 경우에 따라 적절하게 다른 방법
으로 지휘할 줄 아는 자는 승리한다.

셋째, (장수와 병사) 위아래의 의지가 하나 되어 단결하면 승리한다.

넷째, 언제나 모든 준비[19]를 갖추어 놓고 적이 대비 없이 틈을
보이기를 기다릴 줄 아는 자는 승리한다.

다섯째, 장수가 유능하여 군주가 작전에 간섭하지 않으면 승리
한다.

승리를 잃는다 또는 빼앗기다라는 뜻으로 풀기도 한다. 본문에서의 풀이와 함
께 모두 말 그대로 아군 내부의 분란으로 적이 이기게 만든다는 뜻이다.

19. 원문은 '우'(虞)이다. 원래는 양을 재다 또는 헤아리다라는 '도'(度)의 뜻에서
미리 살펴서 만약의 사태에 대비한다 또는 준비한다라는 뜻으로 발전하였다.

이상의 다섯 가지가 승리를 알 수 있는 요건이다.

故知勝有伍. 知可以戰與不可以戰者勝. 識衆寡之用者勝.
上下同欲者勝. 以虞待不虞者勝. 將能而君不御者勝. 此伍者
知勝之道也.

그러므로 '적을 알고 나를 알면 백 번 싸워도 위태롭지 않을 것
이다.[20]
적을 모르고 나를 알기만 한다면 이기고 질 확률은 절반이 되며,
적도 모르고 나 자신도 모른다면 싸울 때마다 반드시 위험에 빠
지게 된다'라고 말할 수 있다.

故曰, 知彼知己, 百戰不殆, 不知彼而知己, 一勝一負, 不知
彼不知己, 每戰必殆.

---

20. 원문은 '지피지기, 백전불태'(知彼知己, 百戰不殆)이다. 우리가 보통 말하는
'지피지기, 백전백승'(知彼知己, 百戰百勝)이나 '백전불패'(百戰不敗), '백전필
승'(百戰必勝)이란 말은 『손자병법』 어디에도 보이지 않는다. 오히려 손무는
백 번 싸워 백 번 다 이기는 경우는 좋은 일이 아니라고 보았다. 적군이든 아
군이든 깊은 상처를 남기는 것이 전쟁이기 때문이다. 백 번 싸워도 위태롭지
않고 유지할 수 있음은 상당한 수준인 셈이다. 이 구절을 잘 새겨 보면 손무
의 기본 사상을 알 수 있다.

4. 형세 [形, 軍形]
─ 반드시 이길 수 있는 형세를 갖추어야 한다

이 편은 「형」(形) 또는 「군형」(軍形)이라고 부른다. 군대의 힘을 세(勢)라고 하는데 군세(軍勢)를 충분히 떨칠 수 있도록 꾀하는 여건을 군형이라고 한다. 이 편에서는 상황이 변함에 따라 군형이 변화하는 모습을 말하고 있다.

그 주요 내용은 군대의 작전에 있어서 우선적으로 아군을 패배하지 않는 위치에 놓고 나서 적군의 약점을 파악하여 압도적 우세로써 타격을 가하여, 이른바 '아군을 보호하면서 완전한 승리를 얻는다'[自保而全勝]는 목표에 도달하기까지의 공격과 수비의 요건을 말하고 있다. 5편 「병세」(兵勢)와 함께 구체적인 전략 전술에 대해서 논하고 있다.

손무는 말하였다.

옛날에 전투에 뛰어난 장수는 먼저 적이 아군을 이기지 못할 태세를 갖추고, 적이 허점을 드러내 아군이 승리할 수 있는 여건을 만들기를 기다렸다. 그러니 적이 승리하지 못하도록 만드는 조건은 아군 쪽에 달려 있으며, 아군이 적을 이길 수 있는 조건은 적군 쪽에 달려 있는 것이다.[1]

그러므로 아무리 전쟁에 뛰어난 자라도 적군이 승리하지 못하도록 아군의 대비 태세에 만전을 기할 수는 있어도, 아군이 반드시 적군을 이길 수 있도록 적군의 허점을 마음대로 만들어 낼 수[2]는 없는 것이다. 그러므로 '승리란 미리 알 수는 있으나, 그것을 원한다고 마음대로 얻어지는 것이 아니다'[3]라고 말하는 것이다.

---

1. 원문은 '불가승재기, 가승재적'(不可勝在己, 可勝在敵)이다. 이는 '아군의 취약점을 없애서 적군이 승리할 만한 조건이나 기회를 없애 버리며, 아울러 적군의 착오나 약점이 드러나는 조건이나 기회 등, 아군이 이길 여건은 적군에게 속하도록 한다'는 의미이다. 손무는 또 수비와 공격의 순서에 관해서 설명하고 공격에 신중할 것을 힘주어 말하고 있다. 이는 직접 부딪치며 무력을 사용하는 전쟁을 가능하면 피하라는 앞의 생각들과 일치하는 주장이다. 적어도 완벽한 수비 태세를 갖춘다면 적의 뜻에 따라 일어나는 전쟁이나 전면전의 가능성은 줄어들게 마련이다.

2. 원문은 '사적필가승'(使敵必可勝)인데 『손자십가주』 등에는 '필'(必)자가 '지'(之)자로 되어 있다.

3. 원문은 '승가지, 불가위야'(勝可知, 不可爲也)이다. 6편 「허실」에서는 '승리란 인위적으로 만들어지는 것'[勝可爲也]이라고 하여 앞의 말을 뒤집는 듯한 결론을 내리고 있다. 그러나 이는 승리의 조건에 대하여 다른 맥락에서 말한 것이므로 비교하여 읽어 보면 흥미롭다.

孫子曰, 昔之善戰者, 先爲不可勝, 以待敵之可勝. 不可勝
在己, 可勝在敵. 故善戰者, 能爲不可勝, 不能使敵必可勝.
故曰, 勝可知, 而不可爲.

적이 승리할 수 없게 만드는 것은 아군의 수비이며, 아군이 승리
를 빼앗을 수 있는 것은 공격이다. 병력이 부족하면 수비를 하고,
병력이 여유가 있으면 공격을 한다.[4]

수비를 잘하는 장수는 깊이를 헤아릴 수 없는 땅속에 숨듯 지형
을 최대한 이용하여 아군의 역량을 깊숙이 은폐시킨다. 공격을 잘
하는 장수는 높디높은 하늘[5] 위에서 행동하듯 어떠한 조건에도 거
스름 없이 아군의 역량을 최고도로 발휘한다.[6] 그러므로 아군을

---

4. 원문은 '수즉부족, 공즉유여'(守則不足, 攻則有餘)인데, 죽간본에는 이와 반대
   로 '수즉유여, 공즉부족'(守則有餘, 攻則不足)이라고 기록되어 있다. 이에 대
   해서는 여러 의견이 있다. 수비를 강화하면 아군의 역량에 여유가 생기고 공
   격을 강화하면 아군의 역량이 줄어들게 된다는 해석이 있다. 또 적은 수로 많
   은 수의 적과 마주치면 수비에 치중하고, 많은 수로 적은 수의 적과 마주치면
   공격에 치중한다는 해석이 있다. 어느 쪽이든 좀더 검토해야 할 부분이다. 옮
   긴이는 전승본에 따라 해석하였다.

5. 깊은 땅과 높은 하늘의 원문은 각기 '구지'(九地)와 '구천'(九天)이다. 여기서
   '아홉'은 구체적인 숫자 개념이 아니라 많다, 궁극, 끝이라는 뜻을 갖고 있다.
   중국에 '영'(0)의 개념이 들어오기 이전에 아홉은 마지막 숫자였으므로 이런
   뜻이 나온 것이다.

6. 수비와 공격에 대한 이 두 문장은 학설에 따라 두 가지 의미로 해석되고 있

온전하게 보전하면서 완전한 승리를 거둘 수 있는 것이다.

不可勝者, 守也, 可勝者, 攻也. 守則不足, 攻則有餘. 善守
者, 藏於九地之下, 善攻者, 動於九天之上. 故能自保而全勝也.

누가 보아도 어느 쪽이 승리할 지를 알 수 있는 상황에서 거둔 승
리는 최선의 승리가 아니다. 힘껏 싸워서 천하의 모든 사람들로부
터 '잘 싸웠다'는 말을 듣는 승리도 최선의 승리가 아니다. 깃털[7]을
들어올린다고 해서 힘이 세다고 하지 않으며, 해와 달을 본다고 해
서 눈이 밝다고 하지 않으며, 우레나 벼락 소리를 듣는다고 해서
귀가 밝다고 하지 않는 것처럼, 밖으로 드러난 상황은 누구나 다
알 수 있기 때문이다.

다. 첫째, 매요신(梅堯臣)은 "수비를 잘하는 자는 매우 깊고도 은밀한 지형을
이용하여 자신의 역량을 은폐시키며, 공격을 잘하는 자는 적이 헤아릴 수 없
을 만큼 고도로 자신의 위력을 발휘한다"라고 보았다. 둘째, 조조는 "산이나
언덕의 험준한 지형을 이용하여 견고한 방어진을 만들고, 천기와 기후를 이
용하여 주도적으로 공격 시기를 선택한다"라고 연결하여 해석하는 입장을
주장하였다. 주로 첫번째 해석을 많이 따르지만, 이 두 학설은 모두 그 나름
의 타당성이 있다. 그래서 그 의미를 함께 포함시켜 번역하였다.
7. 원문은 '추호'(秋毫)이다. 새나 짐승들은 가을이면 묵은 털을 털갈이하고 새
로 얇고 긴 털이 촘촘하게 자란다. 이것이 바로 추호이며, 이는 사물의 아주
미미하고 작음을 상징하는 말로 쓰이게 되었다.

見勝不過衆人之所知, 非善之善者也. 戰勝而天下曰善, 非善之善者也. 故擧秋毫, 不爲多力, 見日月, 不爲明目, 聞雷霆, 不爲聰耳.

옛날에 전쟁을 잘한다고 일컬어졌던 자들은 모두 이길 수 있는 조건을 다 갖추어 놓고 적과 싸워 쉽게 승리하였다. 따라서 전쟁을 잘하는 인물이 거둔 승리에는 그의 지략이 뛰어나다는 명성이나 용맹스러운 공적이 돋보이지 않았다. 상황이 겉으로 드러나서 어긋나기 전에 미리 조치를 취함으로써 확실한 승리를 거둘 수 있었던 것이며, 이는 곧 싸우기 전에 반드시 이길 조건을 갖추어 놓고, 이미 패배할 상황에 처해 있는 적을 상대로 싸워 이긴 것이다.

그러므로 전쟁을 잘하는 자는 언제나 패배하지 않는 '불패'의 자리에 서서, 적이 패배할 기회를 놓치지 않는다. 승리하는 군대는 먼저 승리할 수 있는 태세를 갖추어 놓고 적과 싸우며, 패배하는 군대는 먼저 싸움을 걸어 놓고 승리를 추구한다.

古之所謂善戰者, 勝於易勝者也. 故善戰者之勝也, 無智名, 無勇功. 故其戰勝不忒, 不忒者, 其所措必勝, 勝已敗者也. 故善戰者, 立於不敗之地, 而不失敵之敗也. 是故勝兵先勝而後求戰, 敗兵先戰而後求勝.

전쟁을 잘 이끌어 나가는 자는 승리하기 위해서 언제나 정치적으로 충분한 준비를 하고,[8] 법제도를 확고하게 갖춘다.[9] 그렇게 해야만 그가 승패의 결정권[10]을 손에 넣을 수 있다.

병법[11]에서 고려해야 할 다섯 가지 요소가 있다. 첫째는 지형 판단이고, 둘째는 물질적인 자원이고, 셋째는 양쪽의 병력 숫자이고, 넷째는 양쪽의 전체적인 전투력 비교이며, 다섯째는 우열과 승패의 상황이다.[12]

---

8. 원문은 '수도'(修道)이다. 1편에서 말한 오사(伍事) 가운데 정치 요소를 말한다. 손무의 후손인 손빈은 전쟁의 원리이며 정치 배경인 도(道)에 관하여 이렇게 설명하였다. 『손빈병법』 「팔진」(八陣)에 나오는 말이다. "전쟁의 원리를 잘 안다는 것은 어떤 것인가? 위로는 하늘의 도리를 알고 아래로는 땅의 이치를 알며, 안으로는 백성들의 신뢰를 얻고, 밖으로는 적군의 상황을 잘 파악하고 있어야 한다. 진을 칠 때는 여덟 가지 진법의 원리를 잘 활용해서 이길 때를 파악하면 곧바로 전투를 하고, 승산이 없으면 적과의 교전을 피해 한 명의 군사도 움직이지 않는 것을 말한다. 이를 실천하는 장수야말로 전쟁의 원리를 잘 이해하는 천자의 장수이다."〔知道者, 上知天之道, 下知地之理, 內得其民之心, 外知敵之情, 陣則知八陣之經, 見勝而戰, 弗見而諍, 此王者之將也.〕
9. 원문은 '보법'(保法)이다. 여기서 법은 1편에서 말한 오사(伍事) 가운데 군대의 편제, 보급 체계, 규율 등을 말한다.
10. 원문은 '승패지정'(勝敗之政)이다. '정'(政)은 정치라는 뜻이 아니라 그 일을 주관한다, 결정한다는 뜻이다.
11. 원문은 '병법'(兵法)이다. 주석가에 따라서는 이를 용병하는 방법이라는 뜻의 '용병지법'(用兵之法)으로 보는 견해와 손무 이전의 옛 병법서를 가리킨다는 견해로 나뉘진다. 아직 확정된 의견이 없으므로 그대로 풀이하였다.
12. 이 다섯 가지 요소의 원문은 '도'(度), '양'(量), '수'(數), '칭'(稱), '승'(勝)이다. 두목(杜牧)은 앞의 세 요소에 대하여, "도(度)는 적과 우리 두 나라의 영토의

국토가 험난한지의 여부와 크기에 따라서 그 지형을 응용하는 계산이 세워지며, 이러한 지형 판단을 바탕으로 거기서 나올 경제력이 결정되며, 결정된 경제력에 근거하여 투입 가능한 병력 수가 계산되어 나오며, 양쪽의 투입 가능한 병력 수에 근거하여 전체적인 전투 태세와 전투력을 견주어 볼 수 있으며, 양쪽의 전투력의 비교에 근거하여 작전의 승패를 판단해 낼 수 있는 것이다.

그러므로 전투력에서 마치 엄청난 무게로 새털처럼 가벼운 무게[13]를 압도하듯 우세한 군대는 승리하며, 그 반대로 절대적인 열세에 빠진 군대는 패배하기 마련이다.

승리하는 자는 작전을 주도하면서[14] 천 길[15] 높은 골짜기에 가둬

넓이이며, 양(量)은 두 나라의 자원과 경제력이며, 수(數)는 인구와 가족 숫자를 일컫는다"라고 해석하였다. 대체로 도는 두 나라의 땅 넓이의 크고 작음이나 넓고 좁음을 계산하는 것이고, 양은 두 나라의 물질적인 자원의 크기를 재 보는 것이며, 수는 실제 병력 숫자나 동원 가능한 인적 자원의 양을 세어 보는 것이며, 칭은 두 나라의 총체적인 실력을 비교하는 것이며, 승은 두 나라의 우열과 승패의 상황을 가려내는 것이다.

13. 원문의 '수'(銖)와 '일'(鎰)은 고대 중량의 단위이다. 1일(鎰, 金)은 20냥에서 24냥 사이이며, 24분의 1냥이 1수(銖)이다. 그러므로 일과 수의 무게 차이는 576배(24×24)가 되며, 여기에서 양쪽 사이의 전투력의 차이가 엄청나다는 비유로 쓰인 것이다.

14. 다른 판본에는 '승자지전민야'(勝者之戰民也)로 되어 있다. 그런데 『손자십가주』에는 마지막의 '민야'(民也)라는 두 글자가 없다. 글의 흐름은 없는 판본이 부드럽게 이어진다.

15. 원문의 '인'(仞)은 주(周)나라 때의 길이의 단위이다. 1인은 약 7에서 8척(尺, 2.3m)에 해당한다. 여기에서는 홍수의 엄청난 충격과 속도를 군형(軍形)의

둔 물을 한 번에 쏟아 내듯 쌓여 있는 힘을 최대한 발휘하게 한다. 이것이 바로 승리의 기세인 '군형'이다.

善用兵者, 修道而保法. 故能爲勝敗之政. 兵法, 一曰度, 二曰量, 三曰數, 四曰稱, 伍曰勝. 地生度, 度生量, 量生數, 數生稱, 稱生勝. 故勝兵若以鎰稱銖, 敗兵若以銖稱鎰. 勝者之戰, 若決積水於千仞之谿者, 形也.

기세에 비유한 것이다.

5. 기습 전술 [勢, 兵勢]

─ 일시에 쏟아질 듯한 기세를 유지하라

이 편은 「세」(勢) 또는 「병세」(兵勢)라고 부른다. 손무는 이 편에서 물리적 군사 실력에 기초하여 장수의 지휘력과 재능을 발휘하고 유리한 여건을 만들어 내고 이를 적절히 응용하면서, 비정규적 전술인 '기'(奇)로써 적에게 필승의 공격을 가하는 과정을 논술하였다.

특히 그는 군대 조직의 엄밀성, 부대 부서의 적절성, 엄정한 군기를 요구하고, 적의 돌발적인 공격에 부딪쳐서도 패배에 이르지 않는 원리를 강조하였다. 결국 '세'란 움직임을 통해서 나타나는 것으로 위치, 속도, 응집력, 힘의 강약에 따라 결정되는 상황의 변화를 말한다.

손무는 말하였다.

많은 수의 병력을 적은 수의 병력을 다루듯 관리하는 방법은 합리적인 조직과 효율적인 편제[1]를 갖추는 것이다. 대규모 부대를 소규모 부대처럼 일사불란하게 지휘하는 방법은 명확하고도 신속한 지휘 통신 계통[2]에 있다.

전체 군대가 어떠한 적의 공격을 받더라도 패배하지 않는 이유는 비정규 전술과 정규 전술을 잘 운영하였기 때문이다.[3] 군대가

---

1. 합리적인 조직과 효율적인 편제의 원문은 '분수'(分數)이다. 분수란 군대의 조직과 병력 편제를 말한다. 이지(李摯)는, "분(分)이란 편(偏), 비(裨), 졸(卒), 오(伍)를 (조직 편제를) 구분하는 것이며, 수(數)는 십, 백, 천, 만의 병력 수를 가리키는 것이다. (그리하여 그 조직이) 저마다 (적절한) 통제를 받으며 대장이 그 핵심 지휘권을 총괄하는 제도를 일컫는다"라고 주석하였다. 현대적으로 보면 분대, 중대, 중대, 연대, 사단 등의 조직 단위에 따라 적절한 수의 병력을 배치하는 것을 말한다.

2. 군대의 지휘 및 통신에 관한 규정이다. 주로 신호를 하는 여러 깃발[旗幟]을 형(形)이라 하고, 전진과 후퇴를 알리는 북[鼓]과 징[金]을 명(名)이라고 한다. 다시 말해 형은 시각을 이용한 지휘 통신 수단을 말하고, 명은 청각을 이용한 통신 수단을 말한다. 또 형은 진을 치는 모양을 가리키고, 명이 위에서 말한 깃발과 북 그리고 징을 이용한 통신체계를 말한다고 하는 견해도 있다.

3. 원문은 '기정'(奇正)으로 고대에 중요시하였던 군사용어이다. 일반적으로 기병(奇兵)과 정병(正兵)이라 부르는 전술적 운영 방법을 가리킨다. 기와 정에 포함된 일반적 의미는 다음과 같다. 첫째, 부대의 편제에서 경계와 수비의 임무를 담당하는 부대를 정병이라 하고, 가벼운 무장으로 기동력을 높인 타격대를 기병이라고 한다. 그리고 적의 부대를 견제하고 포위하는 임무를 맡은 부대를 정병이라고 하고, 기습하고 돌격하는 임무를 맡은 부대를 기병이라고 한다. 둘째, 작전 방식 면에서, 정면에서의 정규공격을 정병, 측면에서의 우회공격을 기병이라고 한다. 다시 말해 정규 공격전인 '명공'(明攻)을 정병,

어떠한 적을 공격하더라도 바위로 달걀을 깨듯 당해 낼 자가 없게 하는 것은 적의 빈틈을 충실한 전력으로 깨는 전술에 있다.[4]

孫子曰, 凡治衆如治寡, 分數是也. 鬪衆如鬪寡, 形名是也. 三軍之衆, 可使必受敵而無敗者, 奇正是也. 兵之所加, 如以 碫投卵者, 虛實是也.

일반적으로 작전이란 정규 전술인 정병으로써 적과 맞서며, 비 정규 전술인 기병으로써 승리를 결정짓는다. 그러므로 기병의 전

기습 공격전인 '암습'(暗襲)을 기병이라고 한다. 셋째, 미리 세워진 일반적인 작전 원칙에 따라 하는 진투를 정병이라 하고, 구체적인 정황에 따라 순간순간 변화하는 특수한 작전 방법을 채택하는 것을 기병이라고 한다. 넷째, 군대는 행군할 때나 주둔할 때를 가리지 않고 모두 앞에 경계 부대인 기병(奇兵)를 배치하여 주력군대인 정병(正兵)을 지키게 하여 적의 돌발적인 공격과 맞부딪치더라도 패배 당하는 일이 없도록 한다는 뜻도 있다. 어쨌든 적이 전혀 대비하지 않고 있는 급소를 도무지 예측하지 못하는 수단으로 찌르는 전술이 '기'이다. 전쟁의 묘미는 바로 이 점에 있는 것이다.

4. 원문은 '허실'(虛實)로서 '기정'과 함께 병법을 이해하는 데 중요한 열쇠가 되는 상반되는 한쌍의 개념이다. 실력이 있는 상태가 '실'이고, 그 반대 상태가 '허'이다. 또한 대비가 되어 있는 곳이 '실'이고, 대비가 없는 곳이 '허'이다. 그런데 문제는 이 허실 개념은 단순히 그 상태를 가리키는 데에서 멈추지 않고, 상반되는 상태로 거짓 위장하는 전술을 펼친다는 데에 큰 의의가 있다. '허허실실'(虛虛實實)이란 말도 이런 경우에 쓴다. 그리하여 '충실한 준비로 대비하지 못한 빈 틈을 공격한다'[以實擊虛]는 뜻으로 쓰였다.

술을 능숙하게 구사하는 장수의 전법은 그 변화가 하늘과 땅의 운행처럼 무궁무진하고, 강물의 흐름처럼 끊이지 않는다. 끝날 듯하다가 다시 시작되는 것이 마치 해와 달이 뜨고 지는 것과 같고, 죽었다가 다시 살아나는 것이 마치 사계절이 바뀌는 것과 같다.

음악의 음계는 다섯 가지[5]에 지나지 않지만, 그 다섯 소리의 변화는 이루 다 들어 볼 수 없을 정도로 끝이 없다. 빛깔은 다섯 가지[6]에 지나지 않지만, 그 다섯 빛깔의 변화는 이루 다 볼 수 없을 정도로 한이 없다. 음식의 맛은 다섯 가지[7]에 지나지 않지만, 그 다섯 맛의 변화는 이루 다 맛볼 수 없을 정도로 다함이 없다.

이와 마찬가지로 전세는 비정규 전술인 '기병'과 정규 전술인 '정병' 두 가지에 좌우될 뿐이지만, 이 두 전술의 변화는 이루 다 헤아릴 수 없을 정도로 무궁무진하다. 이처럼 '기병'과 '정병'은 서로 잇달아 나오니 마치 둥근 고리가 시작도 끝도 없이 맴도는 것과 같다. 어느 누가 그 순환을 다 헤아릴 수 있겠는가?

---

5. 동양 음악에서 기본이 되는 음계로 이를 5성(伍聲)이라고 한다. 구체적으로 궁(宮), 상(商), 각(角), 치(徵), 우(羽)를 가리키며, 여기에 변궁(變宮), 변치(變徵)의 2음을 더하면 현대 서양 음악의 7음계가 된다.

6. 전국시대 이래로 중국인들이 기본 색으로 5행(伍行)에 맞추어 5색(伍色)을 정하였다. 바로 적(赤, 紅이라고도 한다), 황(黃), 청(靑, 藍이라고 한다), 백(白), 흑(黑)을 가리킨다.

7. 앞에서와 마찬가지로 5행에 맞춘 5미(伍味)는 신 맛(酸), 단 맛(甘), 쓴 맛(苦), 매운 맛(辛, 辣이라고도 한다), 짠 맛(鹹)을 가리킨다.

凡戰者, 以正合, 以奇勝. 故善出奇者, 無窮如天地, 不竭
如江河. 終而復始, 日月是也, 死而復生, 四時是也. 聲不過
伍, 伍聲之變, 不可勝聽也. 色不過伍, 伍色之變, 不可勝觀
也. 味不過伍, 伍味之變, 不可勝嘗也. 戰勢不過奇正, 奇正
之變, 不可勝窮也. 奇正相生, 如循環之無端, 孰能窮之.

급류의 물살이 빠르고 거세어 바위조차 떠내려가게 하는 것을
가리켜 '기세'[8]라고 한다. 독수리나 매처럼 맹렬한 순발력과 기민
한 동작으로 덮쳐서 먹이를 찢어 버리는 것을 가리켜 '꼭 맞는 타
이밍'[9]이라고 한다. 그러므로 작전 지휘에 능숙한 자는 그 기세가
거세며, 작전 거리와 타이밍은 짧고 맹렬하다. 기세는 시위를 팽팽
하게 당긴 쇠뇌와 같아야 하며, 작전 타이밍은 화살을 쏘아 보내듯
순간적이어야 한다.

---

8. 원문은 '세'(勢)이다. 군사적인 힘이 전투 과정 속에서 발휘되고 응용되어 적
    을 압도하여 피동적인 위치에 있게 만드는 위협적인 역량을 말한다.

9. 원문은 '절'(節)이다. 원래 이 말은 부절의 한쪽 면이 다른 면에 꼭 들어맞는
    다는 말이다. 군사적으로 공격에서 가장 효과적인 거리와 타이밍을 뜻한다.
    가장 짧고 가까운 거리에 있어야 타이밍이 딱 들어맞아서 공격의 예리함이
    극대화된다. 마치 매나 수리가 먹이를 포착하는 순간, 사전에 최단 거리로 접
    근하여 엄청난 쾌속으로 날아 덮치듯이 그 거리와 속도에다 돌발적 기세를
    아울러서 표현한 말이다.

激水之疾, 至於漂石者, 勢也. 鷙鳥之疾, 至于毁折者, 節
也. 是故善戰者, 其勢險, 其節短, 勢如彍弩, 節如發機.

깃발이 어지럽게 휘날리고, 서로 뒤얽혀 어지러운 혼전 속에서
도 아군을 혼란에 빠뜨리지 않아야 한다. 그리고 전차와 보병들이
뒤섞이고 적과 아군이 뒤섞인 혼돈 상태에 빠졌을 때에는 네 면 여
덟 방향의 어느 쪽으로도 적이 뚫고 들어올 수 없도록 둥글게 부대
를 배치하여 패배하지 않도록 만전을 기하여야 한다.

군대는 경우에 따라 엄정한 질서 속에서도 혼란이 일어나고, 용
맹함 속에서도 비겁함이 생겨나며, 굳센 가운데서도 나약함을 보
일 수가 있다.[10] 질서와 혼란은 지휘관의 부대 편성 능력에 달려
있으며, 용맹함과 비겁함은 기세에 달려 있으며, 강함과 나약함은
상황의 형태에 달려 있다.[11]

---

10. 이 부분을 다른 학설에 따르면 다음과 같이 기만술의 방법으로 해석하는 경
　우도 있다. 첫째, 질서 속에서 발생하는 혼란은 진정한 혼란이 아니어야 운영
　할 수 있고, 용맹 속의 비겁도 진정한 비겁이 아니어야 활용할 수 있으며, 굳
　셈 속의 나약함도 진정한 나약함이 아니어야 활용할 수 있다. 둘째, 군대가
　작전에서 혼란을 위장할 수는 있으나, 그 자체는 반드시 질서를 유지해야 하
　며, 비겁을 위장하되 용맹을 감추고 있어야 하며, 나약성을 보이되 굳셈을 유
　지해야 한다.

11. 기세의 원문은 '세'(勢)이며, 형태의 원문은 '형'(形)이다. 용맹함와 비겁함은
　기세에 속하는 것으로서, 아무리 고양된 사기라도 일단 주의를 게을리 하여

紛紛紜紜, 鬪亂而不可亂也. 渾渾沌沌, 形圓而不可敗也. 亂生於治, 怯生於勇, 弱生於强. 治亂, 數也. 勇怯, 勢也. 强弱, 形也.

그러므로 유능한 장수는 적이 아군의 뜻대로 움직이도록 조종할 줄 알아야 하며, 그것은 그러한 상황을 만드는 상황의 '형태'에 달려 있다. 예컨대 작은 이익으로 적을 유인하면, 적은 반드시 유인에 걸려들게 된다. 이와 같이 적에게 이로운 미끼를 던져 주어, 적을 아군의 뜻대로 움직이게 한 다음, 복병을 숨겨 두고 불시에 공격하여야 한다.

故善動敵者, 形之, 敵必從之. 予之, 敵必取之. 以利動之, 以卒待之.

일단 꺾이고 나면 전혀 그 사기를 떨치지 못하는 부진한 상태로 변한다는 뜻이다. 그리고 강함과 나약함은 객관적으로 형태를 갖춘 실력에 속하는 것으로서, 강성한 군대라도 적을 경시하고 해이해진다면 바로 손실과 쇠망을 불러온다는 뜻이다. 둘씩 짝을 이루고 있는 상반된 상태가 끊임없이 변화한다는 점을 보여 준다. 특히 기세는 병사 개인이 어찌 할 수 있는 것이 아니라 그렇게 되자 않을 수 없는 상태에 놓여진 위세이다. 그러니 이 기세를 응용하면 최대한의 힘을 발휘하지 않을 수 없게 된다.

그러므로 전쟁에 능한 자는 '기세'로 승리를 추구하며, 병사 개개인의 전투력만을 탓하지는 않는다. 따라서 유능한 인재를 선발하여 유리한 기세를 만들어 그 기세를 탈 수 있게 할 수 있다. 그 기세를 타게 되면 가파른 계곡에서 나무나 바위를 굴리듯, 병사들을 거침없이 휘몰아 적을 칠 수 있다. 본래 나무나 바위는 평탄한 곳에서는 움직이지 않지만, 비탈진 곳에서는 굴러가게 마련이다. 게다가 모난 것은 멈추고, 둥근 것은 구르게 마련이다.

그러므로 지휘를 잘하는 자는 천 길 높은 산골짜기에서 둥근 바위를 굴리듯 세차고 거세게 병사들을 몰아붙인다. 이것이 바로 군대의 '기세'인 것이다.[12]

---

12. 손무는 앞의 4편에서 "천 길 높은 골짜기에 가둬 둔 물을 한 번에 쏟아 내듯 쌓여 있는 힘을 최대한 발휘하게 한다. 이것이 바로 승리의 기세인 '군형'이다"[若決積水于千仞之谿者, 形也]라고 하여 승리의 기세로서 군형[形]을 강조하였다. 그런데 여기에서는 "천 길 높은 산골짜기에서 둥근 바위를 굴리듯 세차고 거세게 병사들을 몰아붙인다. 이것이 바로 군대의 '기세'인 것이다"[如轉圓石于千仞之山者, 勢也]라고 강조하였다. 앞의 표현은 홍수의 물리적 힘을 군대의 지휘 역량과 부대 배치와 편제에 비유하여 설명한 것이며, 후자의 표현은 바위의 운동 속도와 충격으로 군대의 기세가 갖고 있는 동태적(動態的) 활력을 강조한 것이라고 할 수 있다.

이러한 군대의 기세를 응용하라고 한 손자와는 달리 오자는 평소 덕치를 통해서 이루어진 백성들의 자발적이고 능동적인 전쟁 참여 의지를 더욱 중요한 요소로 파악하였다. 그래서 오자는 『오자병법』(吳子兵法) 「치병」(治兵)에서 '아버지와 자식 사이 같은 군대'[父子之兵]라는 개념으로 이상적인 군대를 설명하였다. 전쟁을 바라보는 두 전략가의 시각 차이가 뚜렷이 보이는 부분이다.

故善戰者, 求之於勢, 不責於人. 故能擇人而任勢. 任勢者, 其戰人也, 如轉木石. 木石之性, 安則靜, 危則動, 方則止, 圓則行. 故善戰人之勢, 如轉圓石於千仞之山者, 勢也.

6. 기만 작전 [虛實]
― 승리는 인위적으로 만드는 것이다

이 편은 주로 빈틈이나 준비되지 않은 상태를 말하는 '허'(虛)와 충실한 실력이나 준비를 말하는 '실'(實)이라는 두 개념에서 출발한다. 이 두 개념의 대립과 그 상호 의존성, 그리고 일정한 조건 아래에서 서로 변화하는 작용에 대하여 설명하였다.

손무는 적에게 '실'(實)이 있으면 반드시 '허'(虛)도 따라서 있다고 주장하였다. 적이 어떻게 아군에 맞서서 배치하든, 필연적으로 드러나는 약점은 있으며, 따라서 아군은 어떠한 수단으로든지 적의 취약점을 만들어서 적의 '실'을 피하여 그 '허'를 찔러야 한다고 강조하였다. 이 '피실격허'(避實擊虛)의 전략은 손무의 병법사상 가운데서도 가장 중요한 원칙 가운데 하나이다. 그러므로 이 편에서도 주도권의 쟁취, 피동 상태 피하기, 적의 취약점 만들기, 압박술 또는 유인술에 의한 적의 형세를 분산하고 약화시키는 방법을 말하고 있다.

이와 아울러 아군의 병력 집중, 휴식 상태에서 피로한 적을 공격하는 '이일대로'(以逸待勞), 적의 약점을 잡으면 신속하게 공격한다는 전술 등, 결론적으로 적의 상태에 따라 승리를 얻는다는 '인적제승'(因敵制勝)의 전략을 말하였다. 그리하여 '승리는 인위적으로 만드는 것'(勝可爲也)이라고 매듭지었다.

손무가 말하였다.

적보다 먼저 전쟁터에 도착하여 적을 기다리는 군대는 편안하고,[1] 적보다 늦게 전쟁터에 도착하여 갑자기 전투에 투입되는 군대는 피로하다. 그러므로 유능한 지휘관은 능동적인 위치에서 적을 끌어들이지, 피동적으로 적에게 끌려가지는 않는다.[2]

孫子曰, 凡先處戰地而待敵者佚, 後處戰地而趨戰者勞. 故善戰者, 致人而不致於人.

아군의 뜻대로 적을 끌어들이려면 작은 이익을 미끼로 적을 유인하여 적으로 하여금 스스로 유리하다고 판단하여 움직이게 해

---

1. 아군이 장악해야 할 요충지에 적보다 먼저 도달하여 점령하거나, 방어진지나 매복지역을 손에 넣고 기다리면 부대의 정돈과 휴식, 지형 정찰, 진지 구축, 위장과 출격 태세의 완비 등에 있어 적보다 시간과 힘의 여유를 얻을 수 있다는 뜻이다.

2. 이 말은 전쟁터의 주도권을 장악하고 아군의 행동에 자유를 보장한다는 뜻으로 전쟁을 지도하는 데 중요한 원칙의 하나이다. 이는 적극적으로 적을 아군에게 유리한 상태로 만든다는 뜻으로 이렇게 해야 아군은 '실'을 다지고 적은 '허'하게 된다. 당(唐)나라 태종(太宗) 이세민(李世民)을 보좌한 대전략가 이정(李靖)도 같은 결론을 내리고, 그의 병서 『이위공문대』(李衛公問對)에서, "손무의 수천 마디 말은 이 '적을 끌어들여 와야지 적에게 끌려가지 않는다'(致人而不致於人)는 한 마디 말에서 벗어날 것이 없다"고 극찬하였다.

야 한다.[3] 적을 움직이지 못하게 하려면 해로운 수단을 강구하여[4] 적의 행동을 저지하여 적이 불리하다고 판단하여 스스로 움직이지 않게 만들어야 한다. 그러므로 적이 쉬고 있으면 적을 피로하게 만들고, 적의 식량이 넉넉하면 적을 굶주림에 빠지도록 만들며,[5] 적이 안정되어 있으면 도발해서 동요시켜야 한다.[6]

能使敵人自至者, 利之也. 能使敵人不得至者, 害之也. 故敵佚能勞之, 飽能飢之, 安能動之.

---

3. 원문은 '능사적인자지자, 이지야'(能使敵人自至者, 利之也)이다. 조조의 주석에서 "이익으로써 유인하면, 이익을 욕심낸 적으로 하여금 아군이 의도한 지역에 스스로 이르게 할 수가 있다"고 한 내용을 받아들여 본문을 다시 풀었다.

4. 계략을 써서 적이 다른 데에 주의력을 집중하게 함으로써 아군에 대한 공격을 시도할 수 없게 만든다는 뜻이다.

5. 적을 기아에 빠지게 하는 수단으로 조조는 "적의 군량 보급로를 차단하여 굶주리게 한다"(絶糧道而饑之)라고 하였고, 두목(杜牧)은 성문을 굳게 닫고 농성하다가 물러날 때에는 들판의 모든 식량과 물자를 태워버려 적이 이용하지 못하게 만드는 '견벽청야'(堅壁淸野)의 작전을 주장하였다.

6. 안정된 적을 동요시키려면, 아군 쪽에서 적이 반드시 보살피거나 지키지 않으면 안 될 다른 요충지를 공격함으로써 가능하다. 손빈이 위나라 군대를 바로 공격하지 않고 오히려 적의 뒤통수인 적의 수도를 쳐서 조나라를 구한 '위위구조'(圍魏救趙)의 전술은 대표적인 사례이다.

적이 미처 구원하지 못할 곳[7]을 공격해야 하며, 적의 의표를 찔러 전혀 예상하지 못한 방향으로 진출해야 한다. 천 리 길을 행군하고도 병사가 피로하지 않게 하려면, 적의 대비가 없는 곳으로 진출하여야 한다. 적진을 공격하여 반드시 빼앗으려면, 적이 지키지 않는 곳을 공격하여야 한다.[8] 적의 공격으로부터 아군의 진지를 꼭 굳게 지켜내려면, 적이 공격할 수 없는 곳에서 지켜야 한다.

出其所必趨, 趨其所不意. 行千里而不勞者, 行於無人之地也. 攻而必取者, 攻其所不守也. 守而必固者, 守其所不攻也.

그러므로 공격에 능숙한 장수는 적으로 하여금 어디를 어떻게 수비하여야 좋을지 모르게 만들고, 방어에 능숙한 장수는 적으로 하여금 어디를 어떻게 공격해야 좋을지 모르게 만든다.

방어하는 적에게 공격의 자취를 드러내 보이지 않고도 수비하지

---

7. 원문은 '출기소불추'(出其所不趨)인데, 죽간본에는 "적이 반드시 뒤쫓아와 구원해야 할 곳을 출동한다"(出其所必趨)로 기록되어 있다.

8. 이 부분은 손무보다 160여 년 전 춘추시대 관중(管仲)도 이와 비슷한 관점을 남기고 있다. 『관자』(管子)에 "적의 견고한 지점을 공격하면, 적은 빈틈이 있더라도 견고함을 유지한다. 그런데 적의 (작은) 빈틈을 틈타 공격한다면, 견고한 적이라도 결정적인 결점을 드러내게 된다"(攻堅則瑕者堅, 乘瑕則見者瑕)라고 하였다.

못하고 어쩔 줄 모르게 만드니, 이 얼마나 미묘한가! 공격하는 적에게 수비의 숨소리조차 들리지 않게 하고도 공격할 방법을 잃게 만드는 것이니, 이 얼마나 신묘한가! 이러한 경지에 이르면, 적의 운명을 마음대로 좌우할 수 있게 된다.

故善攻者, 敵不知其所守. 善守者, 敵不知其所攻. 微乎微乎, 至於無形. 神乎神乎, 至於無聲, 故能爲敵之司命.

아군이 진격할 때 적이 방어하지 못하는 것은 적의 허점을 찔렀기 때문이다. 그리고 아군이 후퇴할 때 적이 추격하지 못하는 것은 빠르게 후퇴를 단행하였기 때문이다.

그러므로 아군이 싸우고자 하면 적이 아무리 성채를 높이 쌓고 참호를 깊이 파고 들어가 굳게 수비만 하려고 해도, 결국에는 아군의 뜻대로 적이 나와서 싸우지 않을 수 없게 만들어야 한다. 이는 바로 그 적이 반드시 구원해 주어야 할 지역에 아군이 공격을 가하면 된다.

반대로 아군이 전투를 피하고자 하면 아군이 별다른 수비 태세를 갖추지 않고 땅 위에 금만 그어 놓고 지키더라도, 적이 아군을 공격하지 못하게 만들어야 한다. 이는 바로 아군이 적의 공격 목표를 다른 곳으로 바꾸도록 유도하면 된다.

進而不可禦者, 衝其虛也. 退而不可追者, 速而不可及也.
故我欲戰, 敵雖高壘深溝, 不得不與我戰者, 攻其所必救也.
我不欲戰, 畫地而守之, 敵不得與我戰者, 乖其所之也.

그러므로 적은 자신의 실상과 의도를 드러내도록 유도하고, 아
군의 실상과 의도는 감춘다.[9] 그러면 아군의 병력은 집중할 수 있
지만 적의 병력은 분산될 수밖에 없다. 아군은 하나의 힘으로 병력
을 집중하지만, 적은 열 개의 힘으로 병력을 분산시킨다면, 아군
이 열의 병력으로 하나로 나눠진 적에게 타격을 가할 수 있게 되
며, 이는 곧 많은 수의 아군이 적은 수의 적을 상대하는 것을 의미
한다. 이렇게 다수의 병력으로 소수의 적을 공격할 수 있으면[10] 아
군이 맞서 싸워야 할 병력은 적어지게 된다.[11] 그리고 적은 아군의

---

9. 원문은 '형인이아무형'(形人而我無形)이다. 여기서 '형'(形)은 모습이나 자취
   를 드러낸다 또는 폭로한다라는 뜻으로 쓰였다.

10. 원문은 '아중이적과, 능이중격과자'(我衆而敵寡, 能以衆擊寡者)라고 기록되었
    는데, 이와 반대로 죽간본에는 '아과이적중, 능이과격중자'(我寡而敵衆, 能以
    寡擊衆者)라고 기록되어 있다. 앞뒤의 문맥에 따라 『십일가주손자』의 의견을
    채택하여 앞의 예로 풀이하였다.

11. '적어지게 된다'의 원문은 '약'(約)인데 세 가지 함의가 들어 있다. 첫째는 단
    속하다 또는 제한하다라는 뜻이 있다. 둘째는 위축된다 또는 절약한다라는
    뜻과 여기서 발전되어 빈곤해진다는 뜻도 있다. 셋째는 왜곡된다는 뜻이 있
    다. 모두 어느 정도는 뜻이 통하기 때문에 둘째의 뜻을 취하여 풀이하였다.
    다시 말해 아군이 맞아 싸워야 할 적은 작전이 제한되고 병력이 줄어들었으

공격 목표를 알지 못하게 된다. 아군의 공격 목표를 알지 못하면, 적은 방어해야 할 곳이 많아진다. 그리고 방어해야 할 곳이 많아지면, 적의 병력은 분산되어 아군의 공격을 막아 낼 방어 병력은 더욱 적어지게 된다.

그러므로 앞쪽에 방어력을 집중시키면 뒤쪽의 병력이 약해지게 되며, 뒤쪽에 방어력을 집중시키면 앞쪽의 병력이 약해지게 된다. 왼쪽에 방어력을 집중시키면 오른쪽이 약해지며, 오른쪽에 방어력을 집중시키면 왼쪽의 병력이 약해지게 된다. 사방 빠짐없이 방어하려면, 사방의 병력 모두가 약해지게 된다. 병력이 적어지는 것은 적을 막으려고만 하기 때문이고, 병력이 많아지는 것은 적이 아군에 대한 방어에만 매달리게 만들기 때문이다.

故形人而我無形, 則我專而敵分. 我專爲一, 敵分爲十, 是以十攻〔共〕[12]其一也, 則我衆而敵寡. 能以衆擊寡者, 則吳之所與戰者, 約矣. 吳所與戰之地不可知. 不可知, 則敵所備者多. 敵所備者多, 則吳所與戰者寡矣. 故備前則後寡, 備後則前寡, 備左則右寡, 備右則左寡, 無所不備, 則無所不寡. 寡者, 備人者也. 衆者, 使人備己者也.

므로 쉽게 공격할 수 있다는 뜻이다.

12. 원문은 '십공'(十攻)이다. 『통전』에는 '공'(攻)자가 '공'(共)자로 쓰여 있다. 고대에는 두 글자가 함께 쓰였다.

전쟁터와 전투 시간[13]을 미리 알고 있으면, 천 리 길을 행군해 가더라도 적과 싸워 이길 수 있다. 그러나 전쟁터와 전투 시간을 미리 알지 못한다면, 같은 부대라도 왼쪽이 오른쪽을 구할 수 없고 그 반대의 경우도 마찬가지이며, 뒤쪽이 앞쪽을 구원할 수 없게 될 뿐만 아니라 그 반대도 마찬가지이다. 한 곳에서 싸우는 부대끼리 도 이렇게 되니, 멀리 몇 십 리에서 가까이는 몇 리 밖에 떨어져 싸우는 부대가 다른 부대의 지원을 어찌 기대할 수 있겠는가?

월나라의 병력이 많다고는 하지만, 병력수가 많다는 것만으로 어떻게 승패가 결정되겠는가?[14] 그러므로 '승리란 인위적으로 만

---

13. 전쟁터의 원문은 '전지지'(戰之地)이고, 전투 일시는 '전지일'(戰之日)이다. 여기서 '지'(地)는 전쟁이 일어나는 공간이고, '일'(日)은 전투가 발생하는 시간을 뜻한다. 그런데 이 개념 안에 매우 많은 함의가 들어 있다. 공간으로서 전쟁터란 산악, 평지, 해안, 섬, 도시, 항만 등을 포괄한다. 또한 이러한 전쟁터에는 방위, 거리, 인접 지형, 도로의 형태, 다리의 한계 중량, 터널, 관문, 요새 등의 요소들이 고려되어야 한다. 게다가 행군 과정에 거치게 되는 지역의 거주민들의 조건도 중요한 개념이다. 그들의 정치 태도, 종교 신앙, 풍습과 습관, 경제 상황, 식량 및 식수 등의 물자의 여부, 돌림병의 유행 여부가 고려되어야 한다. 그리고 해전인 경우, 해류의 흐름 등 하천의 상황과 선박의 준비 및 형태에 대해서도 충분히 파악하고 있어야 한다. 그리고 시간으로서 전투일시란 전투가 벌어지는 년, 월, 일, 시만을 뜻하는 것이 아니라 그 시간에 벌어지는 총체적인 기상 상태 ―계절, 추위와 더위, 비와 우레 등 ―와 미신이나 국경일 등 기피하거나 좋아하는 절기나 날짜 등이 고려 대상이다. 이상의 두 가지 요소를 함께 고려하여 안배할 줄 알아야 승리할 수 있는 것이다. 고대에나 지금이나 전쟁은 결국 인간 과학과 지식의 총체적인 종합예술이어야 한다.

14. 여기서 월나라에 대해서 이야기한 것은 손무가 오나라왕에게 의견을 제시하

들어지는 것'[15]이라고 말하는 것이다. 적의 병력이 아무리 많다고 하더라도, 그들로 하여금 싸우지 못하게 만들면 되기 때문이다.

故知戰之地, 知戰之日, 則可千里而會戰. 不知戰地, 不知戰日, 則左不能求右, 右不能救左, 前不能救後, 後不能救前, 而況遠者數十里, 近者數里乎. 以吳度之, 越人之兵雖多, 亦奚益於勝敗哉. 故曰, 勝可爲也. 敵雖衆, 可使無鬪.

그러므로 적의 정황을 수집하고 분석하여 적의 의도를 정확히 판단하며, 적을 건드리고 흔들어서 움직이고 멈추는 규칙을 파악하고, 적에게 거짓으로 아군의 형세를 노출하여 적지의 지형과 진지의 장단점을 알아내며, 정찰대를 내보내 적군의 병력과 편제의 허실과 강약을 면밀히 파악해야 한다.[16]

는 형식을 띠고 있기 때문이다. 당시에 월나라와 오나라는 적대적인 나라였으므로 손무는 병력수에서 우월한 월나라의 결점을 말한 것이다.

15. 원문은 '승가위야'(勝可爲也)이다. 앞의 4편에서 이른바 "승리란 예견할 수는 있어도 그것을 원한다고 마음대로 얻어지는 것이 아니다"[勝可知, 而不可爲]라는 내용과 겉보기에는 상반된다. 그러나 4편에서는 주관적인 희망이나 요행으로써 승리를 추구할 수 없다는 이야기이고, 이 편에서 말하는 것은 실제로 일정한 조건이 구비된 기초 위에서 전술을 사용하여 인위적으로 승리를 쟁취할 수 있다는 이야기이다.

16. 이 문단에서 각 행동의 시작 원문인 '책지'(策之), '작지'(作之), '형지'(形之),

따라서 위장이 최고로 잘된 군대는 형세가 아예 드러나지 않는 무형의 경지에 이른 부대이다. (아군이 무형의 경지에 오르면 적은 아군의 의도를 간파할 수 없을 것이다.) 이와 같이 무형의 태세가 완벽하게 갖추어지면 적의 간첩이 아무리 깊이 침투한다 하더라도[17] 아군의 허실을 탐지하지 못할 것이며, 적에게 아무리 지혜로운 자가 있다 하더라도 계략을 세우지 못할 것이다.

적의 형세에 적절히 다른 조치를 취하여 백성들 앞에서 이겼더라도, 대부분의 백성들은 그 승리의 요인이 무엇인지 알지 못한다. 백성들은 아군이 승리하는 형세이기 때문에 승리한 것이라고만 알 뿐, 그와 같이 승리하도록 제어하는 형세가 무엇인지는 모른

'각지'(角之)는 손무의 "전쟁이 일어나기 전에 먼저 이기고, 그런 다음에 전투하라"[勝兵先勝而後求戰]는 원칙을 그대로 보여 주는 구절이다. 그는 전투의 시작을 매우 신중하게 하며, 전투하기 전에 주도면밀하게 상대를 파악하는 것이 중요하다고 보았다. '책지'는 총괄적으로 상황과 정보를 종합하여 계략을 세우는 것을 말한다. '작지'는 소부대를 내보내서 적을 툭툭 건드리는 도발 작전을 펴서 적의 움직임을 보는 것이다. 판본에 따라서는 살필 후(候)자로 되어 있는 경우도 있다. '형지'는 양동(佯動) 작전, 즉 거짓으로 아군의 빈틈을 노출하여 적이 어떻게 나오는지 보는 것이다. 그리고 '각지'는 뿔이 앞에 나와 있듯이 정찰대를 내보내서 구체적인 상황에서 적의 움직임을 측정해 보는 것이다. 이러한 각 과정은 손무의 '싸우지 않고 이긴다'는 사상이 반영되어 있다. 그는 전쟁 준비 과정에서 여러 정확하고 구체적인 조사, 실험, 통계, 분석, 판단 과정을 거쳐 전략과 전술을 확고하게 세울 것을 거듭 강조하고 있다.

17. 원문의 '심간'(深間)은 아군 내부에 깊숙이 침투해 있는 간첩이라는 뜻이다.

다.[18] 그러므로 한 번 승리를 거둔 방식은 거듭해서 쓰지 말고, 적의 정황에 따라 무궁무진하게 변화시켜 대응하여야 한다.

故策之而知得失之計, 作之而知動靜之理, 形之而知死生之地, 角之而知有餘不足之處. 故形兵之極, 至於無形. 無形, 則深間不能窺, 知者不能謀. 因形而錯勝於衆, 衆不能知, 人皆知我所以勝之形, 而莫知吾所以制勝之形. 故其戰勝不復, 而應形於無窮.

군대의 형세는 물과 같아야 한다. 물은 형태가 고정되어 있지 않으니, 높은 곳을 피하고 낮은 곳으로 흐른다. 마찬가지로 군대는 적의 강점을 피하고 약점을 공격해야 한다. 물은 지형의 변화에 따라 흐르는 방향이 결정되며, 군대는 적의 정황 변화에 따라 싸우는 방법이 조절된다.

그러므로 물에 고정된 형태가 없는 것처럼, 군대에는 고정된 형

---

18. '승리하는 형세'의 원문은 '승지형'(勝之形)이고, '승리하도록 제어하는 형세'의 원문은 '제승지형'(制勝之形)이다. 두 개념은 차이점이 있다. 전자는 전쟁에서 이기는 외재적인 표현 형식 또는 현상으로 보통 사람들이 알기 쉽다. 그런데 후자는 전쟁에서 이기는 내재적이고 은폐된 요인으로 보통 사람들이 알기 어려운 부분이다. 손무는 이 장에서 전쟁을 이기도록 인위적으로 조절하는 노력에 대해서 계속 말하고 있다.

세가 없다.[19] 적의 정황 변화에 따라 적절히 대응하여 승리를 거두
는 자야말로 '용병의 신'이라고 할 수 있다.

　자연 현상에서 만물의 근원인 오행이 언제나 이기기만 하지 않
고 상생상극하고,[20] 사계절이 한 계절에 묶여 있지 않고 순환하며,
해가 길어지고 짧아지며, 달이 차고 기우는 것처럼[21] 용병의 원칙
도 또한 고정되어 있어서는 안 되고 언제나 변화하여야 한다.

　夫兵形象水, 水之形, 避高而趨下. 兵之形, 避實而擊虛. 水
因地而制流, 兵因敵而制勝. 故兵無常勢, 水無常形. 能因敵
變化而取勝者, 謂之神. 故伍行無常勝, 四時無常位, 日有短
長, 月有死生.

---

19. 원문은 '병무상세, 수무상형'(兵無常勢, 水無常形)인데, 앞 문장의 흐름과 연
　　결하여 물이 고정된 형태가 없다는 부분을 앞으로 보내서 풀이하였다.

20. 고대 중국에서 세상 만물의 근원을 설명하는 다섯 가지 물질로서, 수(水), 화
　　(火), 금(金), 목(木), 토(土)를 가리킨다. 원래 황하 주변의 고대인들의 생활
　　재료를 가리키는 요소였으나, 점차 추상화되어 자연세계와 인간 역사 세계
　　를 움직이는 근본 원인 또는 법칙으로 발전하였다. 전국시대 음양가(陰陽家)
　　인 추연(鄒衍)에 의해서 이 요소들 사이의 운동 법칙이 세워졌다. 그리하여
　　이 다섯 요소들은 상호 억제하는 상극(相克)과 상호 조장하는 상생(相生)을
　　거듭하면서 운행한다고 하였다. 결국 이 말은 어떤 요소도 고정적이고 독립
　　적인 성질을 유지하지 못하고 상호 관계가 맺어져 있음을 말한다. 손무는 이
　　를 용병술에 있어서 하나의 고정된 방법에서 벗어나 온갖 기묘하고 예측할
　　수 없는 방법을 사용하여야 함을 견주어 말한 것이다.

21. 원문은 '월유사생'(月有死生)이다. 여기서 '사생'(死生)은 달이 차고 기우는 모
　　습과 그에 따라 밝아지고 어두워지는 상태를 말한다.

7. 작전 목표 [軍爭]
— 결정적인 승리의 조건을 먼저 쟁취하라

「군쟁」(軍爭)은 적군과 아군이 어떻게 상대방보다 먼저 '승리를 결정짓는' '제승'(制勝)의 조건을 쟁취하며, 유리한 작전 위치를 차지하느냐의 문제를 말하고 있다.

주요 내용으로는 적과 아군이 맞서는 작전 과정 속에서 전략 전술상의 요충지를 적보다 먼저 도달하거나 점령하는 문제, 적보다 먼저 유리한 지형에 병력을 배치하고 유리한 태세로 포진하는 문제, 적의 약점을 먼저 알아내어 뜻하지 않은 때에 선제 공격을 가하는 문제 등이 포함되어 있다. 그리고 적보다 늦게 움직이면서 먼저 전쟁터에 도착하기 위해〔後人發, 先人至〕오히려 돌아가는 '전화위복'(轉禍爲福)의 전술을 제시하였다.

아울러 적을 이기려면 네 가지 요소를 잘 다스려야 한다는 '사치'(四治 : 治氣, 治心, 治力, 治變)를 제시하고 있다. 이 편에서부터 12편 「화공」(火攻)까지의 6편은 전쟁터의 실제 전투 과정에서 생길 수 있는 기술적이고 전술적인 문제들을 다루고 있다.

손무는 말하였다.

대개 용병의 원칙은 장수가 군주로부터 출동 명령을 받고, 군사들을 징집하여 군대를 편성한 다음, 이들을 이끌고 출전하여 적과 대치하는[1] 일반적인 과정을 거치게 된다. 이 과정에서 승리에 유리한 조건을 다투는 군쟁(軍爭), 다시 말해 기선을 잡는 일이 가장 어렵다.

군쟁 가운데에서 가장 어려운 점은 먼 길로 돌아가면서도 지름길로 곧바로 가는 것과 같게 만들고, 작전에 불리한 조건을 오히려 유리하게 바꾸는 일이다.[2] 아군이 길을 멀리 돌아가며 행군하는

---

1. 원문은 '교화이사'(交和而舍)이다. 적군과 아군이 대치하고 있는 모양을 가리킨다. '교'(交)는 접촉하다 또는 맞서다라는 뜻이고, '화'(和)는 조화한다는 뜻이 아니고 군대의 진영을 뜻한다. 그리고 '사'(舍)는 주둔하다 멈춰 서 있다는 뜻이다. 그리하여 두 진영이 맞서서 주둔하고 있다는 뜻이 된다.

2. 원문은 '이우위직, 이환위리'(以迂爲直, 以患爲利)이다. 아군은 일부러 우회하여, 적이 예상하지 못한 방향이나 적의 대비가 없거나 약한 지역으로 진출한다. 그리하여 적의 견제를 피하고, 빼앗아야 할 작전 목표에 신속하게 도달한다는 뜻이다. 이것은 겉으로는 먼 거리에다 돌아가는 길로 행군하는 것처럼 보이지만, 실제로는 적의 빈틈을 찌르며 가장 빠르게 '곧은 길'(直路)을 통과할 수 있는 방법이다. 따라서 아군의 곤란한 상황을 유리하게 전환시키는 수단이 된다. '전화위복'이란 소극적인 처세 태도가 아니다. 오히려 적에게 아군의 약점이나 한계점으로 보이는 바로 그 상태에 근거해서 직극적인 전술을 펴나가는 것을 말한다. '돌아가는 듯 바로 가라'는 전술은 역사상 수없이 등장한다. 나폴레옹이 절대로 넘을 수 없으리라고 생각한 알프스를 넘은 예나, 2차대전 때 노르망디 상륙작전, 조수간만의 차이가 심해서 대군을 상륙시키기 어렵다던 인천 상륙작전 등이 그 예이다. 그러나 적이 생각하지 못한 길이라면 아군에게도 상당한 부담과 위험이 따르는 길이기도 하다. 이 전술

것처럼 보여 적을 기만하고, 사소한 이익을 미끼로 적의 움직임을 유인한다면, 적보다 늦게 출동하고서도 목적지에 적보다 먼저 도착하여 요충지를 점령할 수 있다. 이렇게 한다면 '돌아가면서도 곧바로 가는' 꾀를 안다고 할 것이다. 그렇기 때문에 군쟁이란 유리한 전술이기도 하지만, 위험한 전술이기도 하다.

孫子曰, 凡用兵之法, 將受命於君, 合軍聚衆, 交和而舍, 莫難於軍爭. 軍爭之難者, 以迂爲直, 以患爲利. 故迂其途, 而誘之以利, 後人發, 先人至, 此知迂直之計者也. 故軍爭爲利, 軍爭爲危.

그러니 전군의 병력과 장비를 모두 이끌고 요충지를 확보하려고 기선을 다투면, 아군의 기동력이 둔화되어 적보다 늦어져서 제 때에 도달하지 못한다. 기동력을 높이려고 장비를 내버리며 적보다 빨리 앞서기에만 급급하다 보면, 장비나 보급품을 잃게 된다.[3]

에는 이로움과 위태로움이 함께 존재하는 모험이 따른다. 이렇게 허와 실, 이로움과 위태로움은 언제나 동전의 양면처럼 맞닿아 있음도 손무는 지적하고 있다.

3. '장비나 보급품'의 원문은 '치중'(輜重)이다. 원래 이 단어는 보급을 담당하는 짐수레를 가리키는데 주로 소가 끈다. 무거운 보급품을 충분히 실을 수 있으며, 끄는 소 자체가 식량이라는 장점이 있다. 그러나 속도가 매우 느리기 때

그러므로 갑옷과 투구를 벗어 던지고 달려나가 밤낮으로 쉬지 않고 보통 행군거리의 몇 배나 되는 100리[4] 길을 강행군하여 적과 앞다투어 나간다면, 전군[5]의 장수들이 모두 적에게 사로잡히게 되고 만다. 이는 체력이 건장한 병사만이 앞서고, 약한 자는 대열에서 처지게 되어 병력의 10분의 1만이 전쟁터에 도달하게 되기 때문이다.

50리를 강행군하여 적과 앞다투어 나간다면, 선두부대의 장수가 좌절과 패배를 맛보게 된다.[6] 이렇게 하면 병력의 절반만이 전쟁터에 도달하기 때문이다.

30리를 강행군하여 적과 앞다투어 나간다면, 병력의 3분의 2만이 전장에 도달하여 적과 싸우게 된다. 그러므로 군대란 장비와 보급품을 잃으면 망하고, 식량이 없으면 망하며, 물자의 비축이 없어

문에 때로는 버려 두거나 불태우고 전진하는 경우도 있다.

4. 고대 전쟁에서는 도로 상태가 불량하고 교통 수단이 시원치 않았으므로 하루에 행군할 수 있는 거리가 보통 30리 정도였다고 한다. 그러니 100리면 엄청난 거리를 행군하는 셈이다. 게다가 당시의 1리(里)는 오늘의 2배 거리가 된다는 학설도 있으니 무척 긴 거리를 달려간다는 뜻이 된다.

5. 원문은 '삼군'(三軍)이다. 삼군의 명칭은 중군(中軍), 상군(上軍), 하군(下軍) 또는 중군, 좌군(左軍), 우군(右軍)이다. 두 경우 모두 중군의 장수가 3군을 통솔하였다.

6. 원문은 '궐상장군'(蹶上將軍)이다. '궐'(蹶)은 넘어지다, 엎어지다, 좌절하다라는 뜻이다. 그리고 '상장군'은 상군(上軍)의 장수로 가장 앞에서 나아가는 선두 부대의 지휘관을 뜻한다. 100리의 경우보다는 적은 피해이지만 선두와 후미 부대 사이의 연결이 끊어져 위험한 상태에 고립될 수 있다는 말이다.

도 망하게 된다.

擧軍而爭利, 則不及. 委軍而爭利, 則輜重捐. 是故卷甲而
趨, 日夜不處, 倍道兼行, 百里而爭利, 則擒三將軍, 勁者先,
罷者後, 其法十一而至. 伍十里而爭利, 則蹶上將軍, 其法半
至. 三十里而爭利, 則三分之二至. 是故軍無輜重則亡, 無糧
食則亡, 無委積則亡.

　그러므로 주변국 제후들의 전략 의도를 알지 못하면 그들과 교
류할 수 없다. 산림, 험지, 늪지 등의 지형을 잘 알지 못하면 제대
로 행군하지 못한다. 해당 지역을 잘 아는 길잡이를 적절히 활용하
지 못하면 지리상의 이점을 얻지 못한다.[7]
　그러므로 용병이란 기만술로 아군의 의도를 감추고 승리를 쟁취
하며, 유리한 상황일 때 움직이며, 병력의 분산과 집중을 끊임없이
바꾸는 전법을 구사하는 것이다. 그러므로 빠르기가 바람과 같고,
고요하기는 숲과 같다. 치고 앗을 때는 불같이 하고, 조금도 움직
이지 않을 때는 산처럼 한다. 숨을 때는 어둠 속에 잠긴 듯하다가
도, 움직일 때는 벼락치듯 적에게 손쓸 기회를 주지 않아야 한다.
　적지에서 빼앗은 식량과 물자들은 병사들이 나누어 가지게 하

7.　이 문장 전체는 제11편 「구지」(九地)에도 똑같이 다시 수록되어 있다.

고,[8] 점령한 적의 땅은 장수들에게 나누어 주고 지키게 하되, 상황의 변화[9]에 따라 적절하게 움직인다. 이렇게 '돌아가면서도 곧바로 가는' 효과를 거두는 묘수를 먼저 터득하는 자가 기선을 잡아 승리할 수 있다. 이것이 바로 군쟁의 원칙인 것이다.

故不知諸侯之謀者, 不能豫交. 不知山林險阻沮澤之形者, 不能行軍. 不用鄕導者, 不能得地利. 故兵以詐立, 以利動, 以分合爲變者也, 故其疾如風, 其徐如林, 侵掠如火, 不動如山, 難知如陰, 動如雷霆. 掠鄕分衆, 廓地分利, 懸權而動, 先知迂直之計者勝, 此軍爭之法也.

옛 병서인 『군정』[10]에 이런 구절이 있다.

---

8. 원문은 '약향분중'(掠鄕分衆)이다. '약'(掠)은 보통 '약탈하다, 노략질하다'라는 뜻이다. 그리고 '향'(鄕)은 원래 주나라의 서울 이외의 지방 행정구역을 가리키는 말인데, 『통전』(通典)과 『태평어람』의 판본에서는 향(鄕)을 향(向)자로 보고 '약향'(掠鄕)을 '지향하다'[指向]로 이해하여, "깃발이 지향하는 곳마다 적의 부대[衆]를 분산[分]시킨다"고 해석하였다. 이 학설에 대하여는 아직도 명확한 판단이 내려지고 있지 않지만 본문에서처럼 적지에서 빼앗은 노획물을 병사들에게 나눠 준다는 뜻으로 많이 옮긴다.

9. '상황의 변화'의 원문은 '권'(權)이다.

10. 『군정』(軍政)은 지금은 전하지 않는 손무 시대 이전에 존재했던 병서이다. 어떤 책이었는지에 대해서는 여러가지 설이 있다. 가장 유력한 설은 역시 지금은 전하지 않는 『군지』(軍志)가 바로 이 책이라는 입장이다. 『군지』는 지금까

"말을 해도 서로 들리지 않으므로 징과 북을 사용하며, 보려고 해도 서로 보이지 않으므로 깃발을 사용한다."

징과 북 그리고 깃발은 군대의 많은 병력을 한 사람처럼 눈과 귀를 통일시키는 데 쓰이는 도구이다. 병사들의 행동이 하나로 통일되면, 용감한 자라도 혼자서 뛰어나가지 않고, 비겁한 자라도 혼자서 물러나지 않는다. 이것이 바로 많은 병력을 지휘하는 방법이다.

그러므로 야간에 전투할 때에는 횃불과 북소리를 주로 쓰며, 주간에 전투할 때에는 깃발을 주로 사용한다. 이와 같이 밤낮의 신호 방법이 다른 것은 병사들의 눈과 귀의 능력이 변하기 때문이다.[11]

지 알려진 중국 최초의 병서이다. 특히 『좌전』(左傳)에 많이 실린 것으로 보아서, 서주(西周)시대에 책이 지어졌음을 알 수 있다. 『손자병법』의 주석을 모아 놓은 『십일가주손자』에서 인용되어 있는 것으로 보아 적어도 위진남북조시대에는 이 책이 존재했거나 널리 읽혔던 것으로 보인다. 학자들은 『손자병법』에 보이는 『군정』은 『군지』를 잘못 기록한 것일 수 있다고 주장하였다. 특히 『좌전』에 실린 '지난이퇴'(知難而退)와 『손자병법』 「군쟁」에 실려 있는 구절이 완전히 일치한다는 점은 최소한 같은 시대의 병서가 아니라면 불가능한 일이라는 증거를 들고 있다. 아무튼 손무가 살았던 춘추시대 이전인 서주시대에 이미 전쟁에 관한 경험들이 하나의 학문 체계로서 이루어지다가 그를 통해서 활짝 꽃피웠다는 뜻이 된다. 더구나 여기저기 인용된 『군지』의 내용 가운데 손무의 사상의 밑바탕이 되는 생각들이 엿보인다. 첫째, 전쟁의 승부를 결정짓는 '인간'적 요소를 중시한다. 둘째, 전쟁을 즐기다가 군비와 경제를 고갈시켜서는 안 된다. 셋째, 하나의 전술에만 매달리지 말고 적의 상황에 따라 무궁무진하게 전술을 바꿔 나가야 한다.

11. 북과 징, 횃불과 깃발은 명령을 전달하는 신호 또는 통신 체계를 이룬다. 이는 앞에서나 본문에서 말하였다. 그런데 이는 단순히 신호나 통신만으로 그치는 것이 아니다. 이러한 도구들은 편제 단위별로 적절히 배당되기 때문에

軍政曰, 言不相聞, 故爲金鼓. 視不相見, 故爲旌旗. 夫金鼓旌旗者, 所以一人之耳目也. 人旣專一, 則勇者不得獨進, 怯者不得獨退, 此用衆之法也. 故夜戰多火鼓, 晝戰多旌旗, 所以變人之耳目也.

적과 싸울 때 적군 전체의 사기를 꺾고, 적장의 판단을 혼란에 빠뜨리는 방법이 있다. 어느 군대든 전투가 처음 시작될 때에는 사기가 왕성하지만, 시간이 지나서 전투가 이어지면 사기가 느슨해지며, 전투가 끝날 무렵이 되면 사기가 바닥에 떨어져 철수할 생각만 하게 된다.[12]

그러므로 용병술에 유능한 장수는 적군의 사기를 살펴서 적군의 사기가 하늘을 찌를 듯할 때에는 부딪혀 싸우는 일을 피하고, 적군들이 지치고 사기가 떨어진 틈을 타서 타격을 가한다. 이것이 바로 적과 아군의 사기를 다스리는 방법이다.

간접적으로 군대의 규모를 드러내 보여 준다. 이러한 부차적 기능을 적극적으로 활용하면 아군의 태세가 직접 보이지 않는 상태에서는 위장술이나 기만술의 중요한 도구가 된다.

12. 손무는 전쟁 또는 전투 과정의 구분을 하루에 비유하였다. 그리하여 전쟁이 시작되는 초기를 아침, 중기를 낮, 종결될 때를 저녁으로 표현하였다. 그러므로 원문대로 번역한다면, "아침에는 사기가 예리하고, 낮에는 나태해지며, 저녁에는 돌아갈 생각만 한다"[朝氣銳, 晝氣惰, 暮氣歸]라고 풀이된다.

아군은 엄격하게 질서를 유지하면서 적이 혼란해지기를 기다리고, 고요한 태세로 적이 떠들썩하게 흔들리기를 기다린다. 이것이 적과 아군의 심리를 다스리는 방법이다.

아군이 가까운 곳에서 전쟁터에 먼저 도착하여 요충지를 점령한 다음에 적이 먼 거리에서 강행군하여 도착하기를 기다리며, 아군은 충분히 쉬면서 정비를 마친 다음에 적이 피로해지기를 기다리며, 아군은 넉넉하게 먹고 마신 상태에서 적이 굶주림에 빠지기를 기다린다. 이것이 바로 적과 아군의 전투력을 다스리는 방법이다.

깃발이 질서정연한 적을 맞아 싸우지 말아야 하며, 진용이 당당한 적을 공격하지 말아야 한다. 이것이 바로 적과 아군의 변화를 다스리는 방법이다.[13]

故三軍可奪氣, 將軍可奪心. 是故朝氣銳, 晝氣惰, 暮氣歸. 故善用兵者, 避其銳氣, 擊其惰歸, 此治氣者也. 以治待亂, 以靜待譁, 此治心者也. 以近待遠, 以佚待勞, 以飽待飢, 此治力者也. 無邀正正之旗, 勿擊堂堂之陣, 此治變者也.

---

13. 이상의 네 단락의 원문은 '치기'(治氣), '치심'(治心), '치력'(治力), '치변'(治變)으로 손무가 강조한 네 가지 전술인 사치(四治)이다. 이는 앞에서 여러 번 강조한 적의 빈틈인 허(虛)를 기다려 아군의 충실한 전력인 실(實)로 공격한다는 전략의 대원칙을 구체적인 전술로 표현한 용병술이다.

적을 공격할 때에는 다음 사항을 유의해야 한다.

높은 언덕을 점령하고 있는 적을 올려 보면서 공격하지 않는다.[14] 언덕을 등지고 있는 적에 대하여는 정면 공격을 실시하지 않는다.[15] 아군을 속이기 위하여 거짓 후퇴하는[16] 적은 추격하지 않는다. 적의 정예부대는 공격하지 않는다. 적이 아군을 유인하기 위해서 드리운 미끼를 덥석 물지 않는다. 자기 나라로 철수하는 적의 후퇴로를 가로 막지 않는다. 적을 포위하였을 때는 한쪽을 터 주어 적에게 도망갈 길을 보여 주어야 한다.[17] 갈 곳 없이 막다른 곳에 몰린 적은 너무 닦아 세우며 압박해서는 안 된다. 이것이 바로 용병의 원칙인 것이다.[18]

---

14. 원문은 '고릉물향'(高陵勿向)이다. 여기서 향(向)은 낮은 지역에서 높은 곳을 바라보고 우러러 보면서 공격하는 앙공(仰攻)을 뜻한다.

15. 원문은 '배구물역'(背丘勿逆)이다. 여기서 '역'(逆)은 거슬러 간다는 뜻이 아니라 적을 맞받아 친다는 정면 공격을 뜻한다.

16. 거짓 후퇴의 원문은 '양배'(佯北)이다. 주로 매복 작전을 사용할 때의 앞 단계의 전술이다.

17. 원문은 '위사필궐'(圍師必闕)이다. 전투할 의지를 상실한 채 후퇴하다가 나가지도 물러나지도 못하는 적을 막지 말라는 뜻이다. 포위망의 사방 가운데 한쪽을 열어 준 손무의 의도는 다음과 같다. 첫째, 살 길을 제시하여 포위 당한 적의 죽음을 각오한 단결력과 투쟁의지를 무너뜨린다. 둘째, 포위해 놓은 적의 세력이 지나치게 강대하므로 그 일부를 풀어 주고 공격 대상의 규모를 축소시킨다. 셋째, 열어 준 후퇴로를 이용하여 도망가는 적을 도중에 매복 기습한다.

18. 이 단락이 「구변」의 맨 앞 부분에 있는 판본(櫻田本)이 있다. 이 판본에는 시작 부분의 '고용병지법'(故用兵之法)과 마지막의 '차용병지법'(此用兵之法)의

故用兵之法, 高陵勿向, 背丘勿逆, 佯北勿從, 銳卒勿攻, 餌兵勿食, 歸師勿遏, 圍師必闕, 窮寇勿迫, 此用兵之法也.

두 구절이 없다. 그리고 중간의 '필궐'(必闕)이 '물주'(勿周)나 '물핍'(勿逼)으로 되어 있는 판본도 있다. 『무경직해』(武經直解)에 실린 명(明)나라 때의 장분(張賁)의 주석이나, 『칠서직해』(七書直解)에서 유인(劉寅)이 장분의 설을 인용하면서 『무경칠서』를 정리하는 과정에서 「구변」의 내용을 「군쟁」에 포함시켜 정리하여 뒷사람이 따르게 되었다는 학설이 있다. 이 편의 흐름으로 볼 때 사치(四治)에 대한 설명으로 하나의 맥락이 끝나므로 다음 편의 단락이 여기로 잘못 옮겨져 온 것으로 볼 수 있겠다. 옮긴이는 통행본에 따라 그대로 여기에서 풀었다.

8. 임기응변 [九變]
—상황 변화에 따라 변신하라

이 「구변」(九變)의 내용은 그 명칭만큼이나 변화무쌍하고 통일성이 없다. 먼저 전쟁에서 피해야 할 아홉 가지 지리와 지형상의 상황을 말한다. 그 다음에는 다섯 가지 유리한 상황인 오리(伍利)에 대해서도 비교하고 있다.

그리하여 당면한 구체적 형세에 근거하여 민감하게 임기응변(臨機應變)하는 방법을 논하였다. 또한 그 이해 관계에 대하여 지혜 있는 장수로서 고려해야 할 사항, 이웃 나라를 굴복시키는 전술을 제시하고, 마지막으로 '유비무환'(有備無患)의 사상을 강조하면서, 장수가 범하기 쉬운 다섯 가지 위험 상황인 오위(伍危)를 제시하였다.

손무는 말하였다.

대개 용병의 원칙은 장수가 군주로부터 출동 명령을 받고, 군사들을 징집하여 군대를 편성하고 출정할 때에는 다음의 아홉 가지 변화 상황에 정통해야 한다.[1]

첫째, 움푹 파인 축축한 땅[2]에서는 머물지 말라. 둘째, 길이 사방으로 뚫린 땅[3]에서는 먼저 이웃 나라와 사귀어 도움을 얻어야 한다. 셋째, 길이 끊어진 지역[4]에서는 오래 머물지 말라. 넷째, 사방이 둘러싸여 쉽게 사로잡히는 지역[5]에 빠지면 꾀를 써서 벗어나야 한다. 다섯째, 전멸 당하기 쉬운 막다른 곳[6]에 빠졌을 때에는 곧바

---

1. "대개 용병의 원칙은~출정할 때에는"까지는 앞 7편 「군쟁」의 맨 앞 부분과 똑같이 중복된다. 착간(錯簡)이 있는 것으로 보인다.

2. 원문은 '비지'(圮地)로 무너지고 황폐한 땅을 가리킨다. 죽간본에서는 '범람하다'의 범(氾, 泛)자로 적혀 있다. 이 경우는 보통 낮은 습지, 늪지, 호수를 뜻한다. 두 경우 모두 행군이나 숙영이 불편하고 곤란을 당하는 곳이다.

3. 원문은 '구지'(衢地)이다. 사통팔달(四通八達)로 뚫린 큰 길가 지역이다. 이웃의 여러 나라와의 접경지대로서, 먼저 도달한 쪽이 외교 관계를 맺고 어떠한 형태로든 지원을 받게 되는 지역이다.

4. 원문은 '절지'(絶地)이다. 이전(李筌)은 "샘이나 우물도 없고 숲도 없으므로, 사람과 말이 먹을 물이나 먹이를 얻지 못하는 지역"이라 하였으며, 가림(賈林)은 "지대가 골짜기처럼 사방이 푹 꺼져서 험준하고 나갈 길조차 없는 곳이므로, 적과 조우하여 진퇴양난에 처하게 되는 지역"이라고 해석하였다.

5. 원문은 '위지'(圍地)이다. 진입로가 좁고 후퇴로는 멀리 돌아가게 되어 있어서, 적군이 적은 병력으로도 아군을 포위하기 쉬운 지역을 말한다.

6. 원문은 '사지'(死地)이다. 도망갈 길이 전혀 없는 곳으로 말 그대로 죽을 곳이다. 목숨을 걸고 신속하고 용감하게 싸우면 살아날 수 있고, 머뭇거리면 전멸

로 결사적으로 싸워야 한다.[7] 여섯째, 도로 가운데 통과해서 안 될 길이 있다. 일곱째, 적군 중에는 공격해서 안 될 부대가 있다. 여덟째, 성 중에는 공격해서 안 될 성이 있다. 아홉째, 적지 중에는 빼앗아서는 안 될 지역이 있다. 열째, 군주의 명령 중에도 받들어 시행해서는 안 될 명령이 있다.[8]

그러므로 장수된 자가 이상의 아홉 가지 변화[9]에 대한 대응에 정

당하는 지역을 말한다.

7. 이상의 다섯 지형에 대하여는 11편 「구지」에 그대로 중복되어 나온다. 「군쟁」의 마지막 "높은 언덕을 점령하고 있는 적을 올려 보면서 공격하지 않는다"에서 끝까지의 8개의 구절이 이 다섯 지형에 관한 이야기 내신에 들어와 있는 판본도 있고, 양쪽에 모두 중복되어 실려 있는 판본도 있다. 학자들의 연구에 따르면 명나라 때 장분의 『무경칠서』의 편집 과정에서 7, 8, 11편에 착간이 생긴 듯하다고 한다. 여기서 말한 다섯 지형에 대한 문장과 바로 이어지는 문장이 차이가 나는 것으로 보아 이 다섯 지형에 대한 설명은 11편에 들어가는 것이 옳은 듯하다. 그리고 7편의 구절이 이곳과 연결되는 것이 좋을 듯하다. 옮긴이는 통행본에 따라 그대로 두었다.

8. 군주의 명령이라고 해서 무조건 복종하는 것은 진정한 충성이라고 할 수 없다. 전쟁터의 상황을 모르고 병법에도 밝지 못한 군주가 전세에 불리한 명령을 내릴 때 이에 복종하는 것은 오히려 불충(不忠)이 된다. 그래서 고대에는 출전하면서 군주의 권위를 상징하는 도끼인 월(鉞)을 받고 전쟁터에 나서면 더 이상 군주의 명령을 받지 않는 것이 원칙이었다. 그래서 『사마법』이나 후대의 『이위공문대』에서는 "군대가 출동한 뒤에는 모든 군사는 장수의 명령만을 따르고, 군주의 명령이라도 따르지 않는다"고 적고 있다.
이상의 다섯 가지 항목에 관하여, 죽간본에 새로 발굴된 5편 가운데 「사변」(四變)이라는 제목으로 상세한 해설이 나와 있다. 이에 대해서는 부록 「사변」을 참조.

9. 아홉 가지 변화(九變)는 이 문단대로라면 열 가지이다. 이에 대하여는 학설이

통하다면 용병술을 안다고 할 수가 있다. 그러나 장수가 이 아홉 가지 변화에 대한 대응에 정통하지 못하다면, 비록 적지의 지형을 파악하고 있다고 하더라도 그 지형의 이로움을 활용할 수 없는 것이다. 또 장수가 군대를 지휘하면서 이 아홉 가지 변화에 대한 대응을 잘못 한다면, 비록 다섯 가지 유리한 조건[10]을 지니고 있다고 하더라도, 병사들의 전투력을 충분히 발휘하게 부릴 수 없다.

　孫子曰, 凡用兵之法, 將受命於君, 合軍聚衆, 圮地無舍, 衢地合交, 絶地無留, 圍地則謀, 死地則戰, 塗有所不由, 軍有所不擊, 城有所不攻, 地有所不爭, 君命有所不受. 故將通於九

　분분하다. 첫째, 고대에 구변(九變)의 9라는 개념은 0의 개념이 없던 시대에 1에서부터 세면 끝 수가 되어 '다수'(多數)를 표현한 것이다. 따라서 9변은 바로 상황의 다양한 변화를 일컫는다. 둘째, 구변은 비지(圮地), 구지(衢地), 절지(絶地), 위지(圍地), 사지(死地) 등 다섯 지형에 따른 기동 방법과 일곱째 적군을 제외하고 도로, 성, 지역, 명령의 네 가지 상황에 대한 대응 방법을 가리킨다. 또는 열째 군주의 명령을 빼고 세는 경우도 있다. 셋째, 구변은 「군쟁」 가운데 여덟 가지 용병의 원칙과 본 편의 절지(絶地)를 포함한 것이다. 이상의 3개 학설 중 첫째와 둘째가 가장 신빙성 있는 주장으로 받아들여지고 있다.

10. 다섯 가지 유리한 조건에 대하여서도 두 학설이 있다. 첫째, 현지 전선의 실정에 적절히 대응하여 행군 경로, 적 부대, 성, 적지, 군주의 명령에 대응하는 앞의 다섯 가지 요소에서의 유리한 조건을 말한다. 둘째, 비지, 구지, 절지, 위지, 사지에서의 다섯 지형에서의 유리한 기동 양식을 뜻한다. 이들 두 주장은 실제적으로 모두 서로 다른 정황에 처하여 임기응변으로 대처한다는 의미에서는 별다른 차이가 없다.

變之利者, 知用兵矣. 將不通於九變之利者, 雖知地形, 不能
得地之利矣. 治兵不知九變之術, 雖知伍利, 不能得人之用矣.

그러므로 지혜로운 장수는 반드시 적과 아군의 이로운 조건과
해로운 조건을 함께 고찰한다. 불리한 상황에 빠졌을 때 유리한 조
건이 무엇인가를 찾아내면 주어진 임무를 완수할 수 있다. 그리고
유리한 상황일수록 위험한 요소를 미리 살펴서 그에 대비하면 뜻
밖의 재난을 미리 막을 수 있다.

적국을 굴복시키려면 계략으로 그 나라가 두려워하는 불리한 약
점을 찔러 위협하며, 적국을 괴롭혀 부리려면 그 나라 백성들이 쉴
사이가 없게 일을 만들고, 적국을 협조하도록 만들려면 이익을 미
끼로 주어 유인하여야 한다.

그러므로 용병의 원칙은 다음과 같다. 적이 침입하지 않으리라
는 예측을 믿을 것이 아니라, 아군이 충분한 대비책을 갖추고 적의
침입을 기다리는 것을 믿어야 한다. 또 적이 공격해 오지 않으리라
는 예상을 믿을 것이 아니라, 아군이 적의 공격을 좌절시킬 만한
충분한 대비를 하는 것을 믿어야 한다.

是故智者之慮, 必雜於利害, 雜於利而務可信也, 雜於害而
患可解也. 是故屈諸侯者以害, 役諸侯者以業, 趨諸侯者以利.
故用兵之法, 無恃其不來, 恃吾有以待也. 無恃其不攻, 恃吾

有所不可攻也.

　장수의 자질에는 다음과 같은 다섯 가지 약점이 있을 수 있다.

　첫째, 장수가 용맹이 지나쳐 죽기를 다해서 싸우기만 한다면, 죽음을 당할 수가 있다. 둘째, 반대로 장수가 죽음을 두려워하여 목숨만 지키려고 한다면, 적에게 사로잡힐 수가 있다. 셋째, 장수의 성격이 조급하고 화를 잘 내면 적의 도발을 참지 못하여 경거망동할 수가 있다. 넷째, 장수의 결벽증이 지나치고 명예욕이 강하면 적의 계략에 빠져 모욕을 당할 수가 있다. 다섯째, 장수가 이해를 따지지 않고 부하를 지나치게 아끼면 부하를 보호하려다가 번거로운 곤경에 빠질 수가 있다.

　이 다섯 가지는 장수라면 누구나 가질 수 있는 약점이면서 동시에 용병술에 있어서의 큰 재앙이다. 군대가 전멸 당하고 장수가 죽음을 당하는 원인이 모두 이 다섯 가지의 약점으로부터 일어나므로, 장수된 자는 이를 경계하지 않으면 안 된다.

　故將有五危, 必死可殺也, 必生可虜也, 忿速可侮也, 廉潔可辱也, 愛民可煩也. 凡此五者, 將之過也, 用兵之災也. 覆軍殺將, 必以五危, 不可不察也.

9. 이동과 정찰 [行軍]
― 적의 형세를 잘 살펴야 승리한다

「행군」(行軍)은 행군할 때의 요령과 진을 치고 주둔할 때의 고려 사항을 주로 기술하고, 적의 정세와 징후를 관찰하여 사례에 따라 적절하게 판단할 것을 말하고 있다.

다시 말해 안전한 행군을 하는데 필수적인 지형의 정찰과 적진의 동정과 의도를 탐지하는 문제를 말하면서 지형에 따른 이로움과 불리함을 판단하는 방법과 적진의 형태를 보고 적의 상태를 진단하는 방법 등을 설명하였다. 그리고 병사들에게 믿음과 위엄을 함께 갖추어야 다스려진다는 치군사상(治軍思想)을 제시해 놓았다.

손무는 말하였다.

용병의 원칙에서 군대가 행군하다가 적과 대치하여 주둔할 때에는 지형을 고려하여야 한다.[1]

산악지대를 통과할 때는 물과 풀이 있는 계곡을 따라 행군하고,[2] 주둔할 때는 시계가 탁 트인 고지를 점령하여야 하며, 적이 고지를 먼저 점령하고 있을 경우에는 낮은 곳에서 올려다보면서 공격하지 않아야 한다.[3] 이것이 산악지대를 행군할 때 취해야 할 요령이다.

하천을 건널 때에는 냇가로부터 멀리 떨어진 지점에 진을 쳐야 한다. 적이 물을 건널 때에는 조급하게 물 속에서 적을 쳐부수지 말고, 적의 병력 절반이 건널 때까지 기다렸다가 공격하는 것이 유

---

1. 원문은 '처군상적'(處軍相敵)이다. 이 편의 전체 내용을 개괄적으로 암시하고 있는 내용이다. '처군'은 군대가 행군하다가 특정한 지점에서 자리를 잡는 것을 말한다. '상적'은 두 가지 해석이 있다. 첫째, '상'(相)을 상대방과 '만나다' 또는 '조우하다'라는 뜻으로 보아 '적과 대치하다'라고 해석하는 의견이다. 둘째, '상'(相)을 '보다' 또는 '자세히 보다'라는 뜻으로 보아 '(적의 정세나 지형을) 정찰하다'라고 보는 의견이다. 두 가지 모두 이 편의 내용과 부합하지만 첫번째 의견이 전체 내용을 개괄하기가 좋아서 채택하였다.

2. 원문은 '절산의곡'(絶山依谷)이다. '절'(絶)은 월(越)자로 해석하며, 넘어가다 또는 지나가다라는 뜻이다. 산을 넘어갈 때에는 계곡을 따라가면서 물과 풀을 확보하여 사람과 말의 식수와 먹이를 공급하여야 한다.

3. 원문은 '전융무등'(戰隆無登)인데, 죽간본에는 '전강무등'(戰降無登)으로 되어 있다. 뜻은 "고지를 먼저 점령한 적에 대하여는 낮은 곳에서 올려다보고 공격하는 앙공(仰攻)을 실시하지 말라"고 풀 수 있는데, 글자의 획도 비슷하고, 의미 또한 별 차이가 없어서 섞어 쓴 듯하다.

리하다.[4] 강을 건너는 적과 싸우려 할 때에는 아군이 물가에 너무 가까이 붙어서[5] 싸우지 않아야 한다.

하천 지대에 주둔할 때에도 시계가 탁 트인 높은 지대를 점령하여 진을 쳐야 하며, 적보다 하류에 위치해서 상류로 거슬러 올라가면서 적과 싸워서도 안 된다. 이것이 하천지대에서 행군할 때에 취할 요령이다.

孫子曰, 凡處軍相敵, 絶山依谷, 視生處高, 戰隆無登, 此處山之軍也. 絶水必遠水, 客絶水而來, 勿迎之於水內, 令半濟而擊之利. 欲戰者, 無附於水而迎客, 視生處高, 無迎水流, 此處水上之軍也.

눅눅한 수렁이나 늪지를 행군할 때에는 가능한 한 머뭇거리지 말고 재빨리 지나가야 한다. 만약 그러한 늪지 지역에서 적과 싸우

---

4. 적이 물을 다 건너기 전에 아군의 모습을 발견한다면 건너지 않을 것이고 물 속에서 맞아 싸우면 아군의 피해도 상당하기 때문에 적이 전진도 후퇴도 불가능한 중간 지점까지 올 때를 기다려 공격하라는 것이다.

5. 방어군을 강 언덕에 의지하여 가깝게 배치하면, 강을 건너는 중인 적에게 직접 활을 쏘아 막을 수는 있다. 그러나 적이 강을 건너서 결전을 치르려면 문제가 생긴다는 뜻이다. 그럴 경우는 병력을 뒤로 물려서 배치하고 적으로 하여금 일정한 지점까지 진출하도록 기다렸다가 적 부대의 절반이 건너 온 다음 타격을 가하여야 한다.

게 되었을 경우에는 근처의 풀숲을 이용하거나 우거진 나무를 등지고서, 그것을 장애물로 이용할 수 있는 지역을 먼저 차지하여야 한다. 이것이 수렁이나 늪지에서 행군할 때에 취할 요령이다.

평원지대에서는 평탄하게 뚫려 있는 곳을 점령하며,[6] 주력 부대의 옆쪽과 뒤쪽은 높은 곳을 의지하는 것이 중요하다.[7] 지세는 앞쪽이 낮고 뒤쪽이 높은 곳이[8] 적의 배후 기습과 정면 공격에 대비하기가 유리하다. 이것이 평원지대에서 행군할 때 취할 요령이다.

이 네 가지는 옛날 황제가 사방의 우두머리와 싸워서[9] 승리를

---

6. 원문은 '평륙처이'(平陸處易)이다. 평야지대에서는 무엇보다 기동력이 전력의 핵심이므로 기병(騎兵)과 전차병(戰車兵)의 운용에 편리한 지대를 선택하는 것이다.

7. 원문은 '우배고'(右背高)이다. 이에 대한 해석은 두 가지가 있다. 첫째, 우(右)를 좌우중(左右中)의 세 부대 가운데 우군(右軍)을 뜻하는 것으로 보는 견해이다. 그런데 고대 중국의 부대 서열은 우군이 주력 부대로서 상위(上位)를 차지한다. 다만 초(楚)나라에서는 좌군(左軍)이 주력 부대였다. 둘째, 말 그대로 오른쪽을 뜻하는 것으로 보는 견해이다. 다시 말해 안전한 쪽을 오른쪽으로 하여 보호하라는 것으로 보는 견해이다. 첫째 견해에 따라 풀었다.

8. 원문은 '전사후생'(前死後生)이다. 여기서 '사'(死)는 지대가 낮은 곳이고, '생'(生)은 지대가 높은 곳을 뜻한다.

9. 황제(黃帝)는 고대의 다섯 제왕인 오제(伍帝)의 첫번째 인물로 한족(漢族)의 조상으로 일컬어지는 인물이다. 성은 희씨(姬氏)이고 이름은 헌원씨(軒轅氏)라고 한다. 씨족 부락의 우두머리로 추대 받아, 기원전 2700년 경에 황하(黃河) 중북부의 이민족을 굴복시켜 천하를 통일하였다고 한다. 인류 최초로 도량형과 음악, 역법(曆法), 잠업(蠶業) 등을 창안하여 중국 역사상 문명생활의 기틀을 이룩한 인물로 알려졌다. 사방의 우두머리의 원문은 사제(四帝)이다. 『사기』에 치우(蚩尤), 염제(炎帝), 훈죽(葷粥) 등과 싸웠다는 기록이 보인다.

거두었던 방법이다.

絶斥澤, 惟亟去無留, 若交軍於斥澤之中, 必依水草, 而背
衆樹, 此處斥澤之軍也. 平陸處易, 而右背高, 前死後生, 此
處平陸之軍也. 凡此四軍之利, 黃帝之所以勝四帝也.

　군대가 주둔할 때에는 마른 고지대가 좋고, 습기 찬 저지대는 나
쁘다. 그리고 방위도 볕 드는 남쪽은 좋고 그림자 지는 북쪽은 피해
야 한다.[10] 물과 풀이 풍부한 살아 있는 땅을 확보하여 말과 소에
게 먹이고, 병사들의 수둔 환경을 쾌적하게 해주면 병이 나지 않고
전투력이 충실해진다. 이를 두고 '반드시 이긴다'라고 말한다.
　언덕과 방죽이 있는 지역에 군대를 주둔시킬 때에는 볕 드는 쪽
을 점령하고, 주력 부대의 옆쪽과 뒤쪽을 언덕이나 방죽에 의지하
도록 배치한다. 이것은 병사를 움직이는 데 유리한 위치에서 지형

그런데 사제가 누구인지는 설이 분분하다. 아마도 이들은 고대 중국에 널리
퍼져 있던 미개 종족의 우두머리로서, 남방의 적제(赤帝, 炎帝), 동방의 청제
(靑帝), 북방의 흑제(黑帝), 서방의 백제(白帝)라고 일컬으나 그 명칭은 후대
오행(伍行)에 맞춰서 만든 오색(伍色) 관념을 적용시킨 것으로 모두 미화시킨
허구이다.

10. 원문은 '귀양이천음'(貴陽而賤陰)이다. 본래 '양'은 언덕의 햇빛 비추는 방향
이고, '음'은 반대편의 그림자지거나 어두운 곳을 뜻한다. 그래서 방위상으로
'양'은 남쪽, '음'은 북쪽을 가리키는 것으로 발전되었다.

의 이점을 활용하기 위해서이다.

강을 건널 때에 상류에 폭우가 내려 물거품이 떠내려 오고 있는 경우[11]에는 물결이 가라앉을 때까지 기다렸다가 건너야 한다.

凡軍好高而惡下, 貴陽而賤陰, 養生而處實, 軍無百疾, 是謂必勝. 丘陵隄防, 必處其陽, 而右背之, 此兵之利, 地之助也. 上雨水沫至, 欲涉者, 待其定也.

대개 행군하는 곳에는 여러가지 지형이 있다. 앞뒤가 험한 절벽으로 막히고 그 사이로 물이 가로질러 흐르는 지대, 사방이 높은 언덕으로 이루어지고 복판이 푹 꺼져서 계곡 물이 고여들어 낮은 습지로 이루어진 우물 모양의 지형, 세 방향만이 험준한 산악으로 둘러쳐 있어서 들어오기는 쉽지만 물러나가기는 어려운 짐승 우리 모양의 지형, 수풀이나 가시덤불이 우거져서 그물처럼 감싸고 있는 지형, 지대가 매우 낮아 비가 오면 쉽게 진흙탕을 이루어 빠지기 쉬운 함정 모양의 지형, 좁다란 계곡 사이에 난 긴 도로 모양

---

11. 원문은 '상우수말지'(上雨水沫至)이다. 중국 북쪽 지대의 하천은 홍수가 나기 직전에 물거품이 먼저 떠내려 온다고 한다. 그래서 이를 통해서 위쪽의 위험을 알 수 있다고 한다.

의 지형이다.[12]

이렇게 불리한 지형과 부딪쳤을 경우에는 곧바로 피해 가야 하며 절대로 가까이 가거나 그곳에 머물러서는 안 된다. 아군은 이러한 지형에서 멀리 벗어나고, 적군은 그곳으로 유인해야 한다. 또 아군은 이러한 지형을 앞에서 바라보고, 적군은 그곳을 등지고 서 있도록 만들어야 한다.

행군하는 길가에 있는 험하고 막힌 골짜기, 물이 고여 있는 웅덩이, 갈대 우거진 늪지, 나무가 무성한 수풀, 풀이 무성한 지대를 통과하거나 주둔할 때에는 반드시 조심해서 철저하게 수색을 해야 한다. 이러한 지형에는 적이 매복해 있을 가능성이 많기 때문이다.

凡地有絶澗, 天井, 天牢, 天羅, 天陷, 天隙, 必亟去之, 勿近也. 吾遠之, 敵近之. 吾迎之, 敵背之. 軍旁有險阻潢井葭葦山林蘙薈, 必謹覆索之, 此伏姦之所藏處也.

아군이 적에게 가까이 다가갔는데도 적이 안정되어 있다면, 그들이 험준한 지형의 이점을 의지하고 있기 때문이다.

---

12. 이상의 여섯 가지 지형의 원문은 '절간'(絶澗), '천정'(天井), '천뢰'(天牢), '천라'(天羅), '천함'(天陷), '천극'(天隙)이다. 이상의 지형을 지칭하는 용어는 중국 병학(兵學)에서 전술상 고려해야 할 지리적 환경을 나눌 때 반드시 등장하는 개념이다.

적이 먼 거리에 있으면서 아군에게 도전하는 것은 아군을 유인하여 끌어내기 위해서이다.

적이 험준한 지형을 이용하지 않고 평지에 진을 쳤다면, 아군과의 결전에 유리한 조건을 지니고 있기 때문이다.

나무가 무성한 숲에서 바람이 없는데도 나뭇가지가 흔들리는 것은 많은 적이 은밀히 습격해 온다는 징후이다.

풀숲 속에 많은 장애물을 설치해 놓는 것은 적이 아군의 판단을 흐리게 하기 위한 의도이다.

새들이 갑자기 후두둑 날아 오르는 것은 그 아래에 적의 복병이 있는 징후이다.

짐승 무리가 놀라서 달아나는 것은 적의 대부대가 진격해 오는 징후이다.

먼지 구름이 높고 한줄기로 가늘게 일어나면, 적의 전차 부대가 진격해 오는 징후이고, 먼지 구름이 나직이 넓게 퍼지면 적의 보병 부대가 진격해 오는 징후이며, 먼지 구름이 흩어져서 일어나면 적군이 땔감 나무를 채취하여 끌고 가는 징후이다.

흙먼지가 적게 나고 질서 있게 왔다갔다 하면 적이 막사를 설치하고 주둔한다는 징후이다.

적에게서 파견된 사신이 겸손한 말투로 의견을 제시하면서도 실제로는 전투태세를 강화하고 있다면, 이는 아군에 대하여 공격을 하려는 뜻이다. 적에게서 파견된 사신이 강경한 말투로 주장을 전하면서 금방 공격할 태세를 보인다면, 이는 적이 철수 준비를 하고 있다는 뜻이다.

적의 빠른 전차부대가 선두에 나서서 부대의 양옆에 자리를 잡았다면, 이는 적이 부대의 전열을 보호하겠다는 뜻이다.

적이 갑자기 강화를 요청하는 것은 그들이 다른 음모를 꾸미고 있다는 뜻이다.

적의 병사들이 바쁘게 움직이고 전차가 진형을 갖추고 있다면, 이는 적이 결전을 결심했다는 뜻이다.

적이 전진과 후퇴를 거듭하고 있다면, 이는 적이 아군을 꾀어 내려 한다는 뜻이다.

적이 병기를 땅에 짚고 서 있다면 식량이 떨어져서 굶주리고 피로하다는 징후이며, 물을 길어 가지고 저마다 먼저 마시려 다투고 있다면 목마름이 심하다는 징후이다.

분명히 유리한 작전 조건임을 알면서도 공격하지 않는다면 피로가 매우 심하다는 징후이다.

적진의 막사 위에 새떼가 모여든다면 그 적진은 텅 비고 병력이 없다는 징후이다. 한밤중에 적의 진지에서 서로 부르짖는 소리가 자주 들리면 적이 공포에 휩싸여 있다는 징후이다. 적의 막사가 소란스럽고 무질서하다면 지휘하는 장수가 위엄이 없다는 징후이다. 적의 막사에 깃발이 혼란스럽게 휘날린다면 그 적진도 혼란상태에 빠져 있다는 징후이다. 적의 지휘관이 조급하게 서두르거나 작은 일에도 화를 잘 낸다면 부대가 매우 지쳐 있다는 징후이다.

적이 전투마를 잡아먹는다면[13] 식량이 떨어졌다는 징후이다.[14]

걸어 놓은 솥을 내버리고 막사로 돌아가지 않는 것은 적이 절박한 상황에 몰려 있어 마지막 결전을 준비하고 있다는 징후이다.

적의 병사들이 모여서 자꾸 수군거리며 불안해하는데[15] 적장이 부드러운 소리로 자신 없이 훈시를 하고 있다면,[16] 그 적장이 통솔력을 잃었다는 징후이다. 적장이 함부로 상을 내려 주고 있다면 지휘권이 약해져 속수무책이 되었다는 징후이다. 적장이 제멋대로 처벌을 한다면 그것은 적이 곤경에 처했다는 징후이다.[17]

적장이 병사들을 포악스럽게 대하고 나서도 부하들을 두려워한다면 그 장수는 참으로 지혜롭지 못하고 소신이 없다는 징후이다. 적이 사신을 보내와 겸손한 태도로 감사의 뜻을 보이면, 이는 적이

---

13. 원문은 '살마'(殺馬)이다. 『손자십가주』에는 '속'(粟)자로 쓰여 있다. 앞의 글자인 경우 도살하다는 뜻으로, 뒤의 경우는 식량으로 삼다는 뜻이다. 모두 긴급상황에서 말을 먹거리로 쓴다는 의미이다.

14. 원문은 '군무량야'(軍無糧也)인데 『통전』과 『태평어람』을 참조하여 덧붙여 넣었다.

15. 원문은 '순순흡흡'(諄諄翕翕)이다. '순순'(諄諄)은 간절하다, 반복하다는 뜻이다. '흡흡'(翕翕)은 서로의 마음을 합친다, 부드럽다라는 뜻이다. 둘 다 부정적인 의미로 쓰인 것으로 여기저기 모여서 수군대며 불안해하는 모습을 표현한 말이다.

16. 원문은 '서여인언자'(徐與人言者)이다. 다른 판본에는 '서여입입자'(徐與入入者)로 되어 있다. '서'(徐)와 '입입'(入入)은 모두 천천히 말한다라는 뜻이다.

17. 장수가 병사에게 기준 없이 자주 상과 벌을 주는 것은 부대가 규율에 의해 제대로 이끌어지지 않기 때문이다. 상과 벌은 부대의 통솔을 위한 임시 방편이고 전쟁 수행을 위한 강력한 구심력이 되지는 못한다. 장수에 대한 믿음과 엄격한 규율이 바로 전쟁을 성공적으로 수행하게 하는 내적 동력이다.

휴전을 원하고 있다는 징후이다.

 적이 몹시 화가 나서 기세 등등하게 쳐들어와서도 오래도록 접전을 하지 않거나 물러서지도 않을 때는 그들의 참뜻이 어디에 있는지 신중히 관찰하여야 한다.[18]

 敵近而靜者, 恃其險也. 遠而挑戰者, 欲人之進也. 其所居易者, 利也. 衆樹動者, 來也. 衆草多障者, 疑也. 鳥起者, 伏也. 獸駭者, 覆也. 塵高而銳者, 車來也. 卑而廣者, 徒來也. 散而條達者, 樵採也. 少而往來者, 營軍也. 辭卑而益備者, 進也. 辭强而進驅者, 退也. 輕車先出居其側者, 陳也. 無約而請和者, 謀也. 奔走而陳兵車者, 期也. 半進半退者, 誘也. 杖而立者, 飢也. 汲而先飮者, 渴也. 見利而不進者, 勞也. 鳥集者, 虛也. 夜呼者, 恐也. 軍擾者, 將不重也. 旌旗動者, 亂也. 吏怒者, 倦也. 殺栗馬肉食, (軍無糧也.) 懸缶不返其舍者, 窮寇也. 諄諄翕翕, 徐與人言者, 失衆也. 數賞者, 窘也. 數罰者, 困也. 先暴而後畏其衆者, 不精之至也. 來委謝者, 欲休息也. 兵怒而相迎, 久而不合, 又不相去, 必謹察之.

 싸움에 있어서 병력이 많은 것만이 좋은 것은 아니다. 병력이 상대방보다 우세하다고 해서 전진하기만 해서는 안 된다. 전투력을

---

18. 여기에 이전은 '기습 매복에 대비하라'[備奇伏]고 주석을 붙였다.

최대한으로 집중시키고 적의 정세를 명확하게 판단하여, 적절한 대응태세를 취하는 것이 중요하다. 계획성과 판단력도 없이 병력의 숫자만 믿고 적을 가볍게 보는 자는 적의 포로가 되고 만다.

병사들이 장수와 미처 친해지지 않은 상태에서 병사들의 작은 잘못을 처벌하면, 병사들은 그 장수에게 마음으로 복종하지 않으며, 마음으로 복종하지 않는 병사들을 지휘하여 적과 싸운다는 것은 매우 어려운 일이다. 장수와 이미 친숙해진 뒤에 병사들의 잘못을 처벌하지 않으면, 역시 이들을 이끌고 적과 싸울 수 없다.

그러므로 장수는 부하를 통솔함에 있어서 도리에 맞게 명령을 내리고 위엄으로 다스려야 위아래의 일체감과 엄정한 군기가 확립된다. 이것이 바로 반드시 이기는 군대이다.

보통 때에 장수가 명령을 엄격하게 이행하도록 교육시키면, 병사들은 마음으로 복종하게 된다. 보통 때에 장수가 명령을 엄격하게 이행하도록 교육시키지 않으면, 병사들은 마음으로 복종하지 않는다. 보통 때에 명령이 엄격하게 이행되도록 하는 길은 장수가 병사들과 한마음 한뜻이 되어 병사들의 마음을 얻는 데에 있다.

兵非益多也, 惟無武進, 足以倂力料敵取人而已. 夫惟無慮而易敵者, 必擒於人. 卒未親附而罰之, 則不服, 不服則難用也. 卒已親附而罰不行, 則不可用也. 故令之以文, 齊之以武, 是謂必取. 令素行以敎其民, 則民服. 令不素行以敎其民. 則民不服. 令素行者, 與衆相得也.

10. 자연 지리 [地形]
─ 땅과 하나가 되어라

「지형」(地形)은 군대가 작전할 때마다 서로 다른 지형 조건 아래에서 취할 행동 원칙을 논하고, 장수에게 지형에 대한 연구와 응용을 중시하도록 강조한 내용으로 되어 있다.

손무는 그 전반부에서 작전과 밀접한 관계가 있는 지형을 여섯 가지 형태인 육형(六形)으로 분류하고, 일이 일어나기 전에 반드시 정밀하게 연구하여야 승리를 결정지을 수 있다고 하였다.

뒷부분에서는 군대가 반드시 패배할 수밖에 없는 여섯 가지 정황인 육패(六敗)를 제시하고 장수된 자의 책임을 강조하였다.

손무는 말하였다.

지형의 종류에는 '통형', '괘형', '지형', '애형', '험형', '원형'의 여섯 가지가 있다.[1]

길이 사방으로 터 있어서 아군이 나갈 수도 있고, 적이 쳐들어올 수도 있는 사통팔달의 지형을 '통형'이라고 한다. 이러한 지형은 시계가 열려 있는 높은 곳을 먼저 점령하고[2] 식량의 보급로를 확보하기 쉬우므로 작전에 유리하다.

전진할 수는 있으나 후퇴하기는 곤란한 매달린 듯한 경사지를 '괘형'이라고 한다. '괘형' 지역에서는 적이 대비하지 않을 경우에 기습하여 승리를 거둘 수 있으나, 적이 방비를 철저히 하고 있을 경우에는 공격하여도 이기지 못할 뿐만 아니라 후퇴하기가 어려워 진퇴양난의 불리한 처지에 빠지게 된다.

아군이 진출해도 불리하고, 적이 진출해도 불리한 전략 요충지를 '지형'이라고 한다. '지형' 지역에서는 적이 미끼로 유인하더라도 아군은 그곳으로 진출하지 말고 병력을 이끌고 그 지역을 떠나야 한다. 그리고 적으로 하여금 절반쯤 쫓아오게 만든 다음 반격을 가한다면 유리해진다.

---

1. 각각의 지형의 원문은 '통형'(通形), '괘형'(挂形), '지형'(支形), '애형'(隘形), '험형'(險形), '원형'(遠形)이다.

2. 원문은 '선거고양'(先居高陽)이다. 글자 그대로 풀면 '먼저 태양 쪽을 향한 고지대를 점령한다'는 뜻이다. 다시 말해 시계가 완전히 열려 있는 높은 곳을 점령한다는 말이다.

두 산 사이에 낀 좁고 길다란 지역을 '애형'이라고 한다. '애형' 지역을 아군이 먼저 점령하였을 경우에는 좁은 입구에 병력을 배치하여 적을 기다려야 한다.[3] 만약 적이 아군보다 먼저 그 지역을 점령하였을 경우에 적이 입구를 지키고 있으면 공격하지 말고, 그렇지 않을 때에는 재빠르게 입구를 점령하여야 한다.

험준한 지역을 '험형'이라고 한다. '험형' 지역을 아군이 먼저 점령하였을 경우에는 탁 트여 잘 보이는 높은 곳을 장악하고 적을 기다리며, 적이 먼저 그런 곳을 점령하였을 경우에는 병력을 이끌고 철수해야지 섣불리 공격해서는 안 된다.

멀리 있는 곳을 '원형'이라고 한다. '원형'의 지역에서는 적과 아군의 형세가 대등할 경우에는 먼저 도발하기 어렵다. 어느 편이든 억지로 싸우려고 달려드는 쪽이 불리해진다.

이상의 여섯 가지는 지형을 응용하는 법칙으로서 장수의 중요한 임무이니 신중히 살피지 않으면 안 된다.

孫子曰, 地形有通者, 有挂者, 有支者, 有隘者, 有險者, 有遠者. 我可以往, 彼可以來, 曰通. 通形者, 先居高陽, 利糧道, 以戰則利. 可以往, 難以返, 曰挂. 挂形者, 敵無備, 出而勝

---

3. 애형 지형은 두 산악 사이에 낀 매우 좁은 골짜기로 방어에는 매우 유리하지만 공격하기에는 어려운 곳이다. 그래서 적은 수의 병력으로도 좁은 출입구를 지키고 있으면 많은 수의 적을 상대할 수 있는 지형이다.

之, 敵若有備, 出而不勝, 難以返, 不利. 我出而不利, 彼出而
不利, 曰支. 支形者, 敵雖利我, 我無出也, 引而去之, 令敵半
出而擊之利. 隘形者, 我先居之, 必盈之以待敵. 若敵先居之,
盈而勿從, 不盈而從之. 險形者, 我先居之, 必居高陽以待敵.
若敵先居之, 引而去之, 勿從也. 遠形者, 勢均, 難以挑戰, 戰
而不利. 凡此六者, 地之道也, 將之至任, 不可不察也.

　전쟁에서 패배하는 데는 '주군', '이군', '함군', '붕군', '난군', '배
군'이라는 여섯 가지 조건[4]이 있다. 이 여섯 가지 패배 요인은 자연
재앙 때문에 만들어지는 것이 아니라, 장수의 허물에서 비롯된다.

　적과 아군 사이의 형세와 강약이 서로 대등한데도 1의 병력으로
10의 적을 공격하는 경우 도망가는 군대를 '주군'[5]이라고 한다.

　병사들은 강하고 용감하지만 지휘관이 나약한 경우에 이런 풀어
진 부대를 '이군'[6]이라고 한다.

---

4. 원문은 '주군'(走軍), '이군'(弛軍), '함군'(陷軍), '붕군'(崩軍), '난군'(亂軍), '배
　군'(北軍)이다.
5. 적과 전력이 대등하면서도 결전을 위해서 한 곳에 전투력을 집중시키지 못
　하고 분산시켜 공격을 가한다. 그러면 실제로 아군이 부딪히는 적군의 압도
　적인 숫자에 눌려 도저히 싸우지 못하고 스스로 패망을 초래하여 달아나는
　군대를 가리킨다.
6. 군대의 기본 바탕은 우수한 데 비해 지휘관이 나약하고 무능하여 군기가 해
　이해진 경우를 가리킨다.

지휘관들은 강하고 용감하지만 병사들이 비겁하고 나약할 경우, 이러한 무너진 부대를 '함군'[7]이라고 한다.

고급 지휘관들이 불만을 품고 장수의 명령에 복종하지 않으며, 적과 마주치면 제멋대로 화내며 튀어나가는데도 장수가 이를 통제하지 못할 경우에 이러한 허물어진 부대를 '붕군'[8]이라고 한다.

장수의 성격이 나약하고 위엄이 없어서 부대의 관리와 병사의 교육이 제대로 되지 않아, 지휘관과 병사들이 질서 없이 뒤섞여 어지럽게 진을 칠 경우, 이러한 혼란스러운 부대를 '난군'[9]이라고 한다.

장수가 적의 정황을 정확히 판단하지 못하고, 열세인 상황에서 우세한 적에게 맞서거나 미약한 병력으로써 강한 적을 공격하면서 성예부대를 적절히 운용하지 못할 경우, 이러한 패배한 부대를

---

7. 이 경우는 '이군'과 정반대로 지휘관은 우수하나 병사들의 훈련이 제대로 되어 있지 못하여 전력이 떨어지는 군대를 말한다. 위가 무겁고 토대가 약할 때는 무너져 내리기 마련이다. 아무리 좋은 전략과 전술을 가지고 통솔을 하여도 그것을 일선에서 달성해 나갈 병사들이 약하다면 승리를 거두기 어렵다.

8. 고급 장교들인 대리(大吏)들이 교만하고 횡포하여 장수 또는 작전방침에 불만을 드러내며 감정에 치우쳐 독자적인 행동을 취하는데도, 이를 장수가 통제하지 못하는 군대를 가리킨다. 이는 마치 산사태가 나서 흙이 무너지는 것처럼 군대의 질서가 위에서부터 허물어져 내리는 것을 말한다. 중간 지휘층이 반발하여 최고 지휘층을 믿지 않고 기강을 무너뜨리면 저절로 붕괴되지 않는 게 이상한 일일 것이다.

9. 지휘관이 의지가 약하여 미덥지 않고 약속을 엄격히 지키지 않으며 교육 훈련에 확고한 방침이 없으면, 병사들이 규율을 지키지 않고 작전 부서에 체계를 갖추지 못해서 혼란을 초래하는 군대를 가리킨다.

'배군'[10]이라고 한다.

이상의 여섯 가지는 반드시 군대의 패배를 불러오는 요인이며 장수된 자의 매우 큰 책임이다. 그러니 깊이 살피지 않으면 안 된다.

故兵有走者, 有弛者, 有陷者, 有崩者, 有亂者, 有北者. 凡此六者, 非天之災, 將之過也. 夫勢均, 以一擊十曰走. 卒强吏弱曰弛, 吏强卒弱曰陷. 大吏怒而不服, 遇敵懟而自戰, 將不知其能曰崩. 將弱不嚴, 敎道不明, 吏卒無常, 陳兵縱橫曰亂. 將不能料敵, 以少合衆, 以弱擊强, 兵無選鋒曰北. 凡此六者, 敗之道也, 將之至任, 不可不察也.

지형은 용병에 있어서의 보조 조건이다. 적의 정황을 잘 헤아려서 승리할 수 있는 계획을 세우며, 지형이 험한지 평탄한지와 도로의 멀고 가까움을 잘 계산하는 것이 훌륭한 장수의 임무이다. 지형의 이점을 잘 알고 작전에 활용하는 장수는 반드시 승리하며, 그렇지 못한 장수는 반드시 패배한다.

---

10. 전력이 열등한지 우세한지 잘 헤아려 보지 않는 지휘관이 통솔하는 부대이다. '주군'이 압도적인 병력의 열세로 싸우기 전에 달아나는 것이라면 '배군'은 장수가 아예 적과 아군의 전력을 미리 살피지 못하고 싸움에 임하여 패배하는 경우를 말한다. 손무가 말한 '지피지기'(知彼知己)의 대원칙을 무시한 결과이다.

그러므로 장수는 전선에서 필승의 확신이 서면, 군주가 싸우지 말라는 명령을 내렸더라도 반드시 싸워야 한다. 그리고 필승의 확신이 서지 않으면 군주가 싸우라는 명령을 내렸더라도 반드시 싸우지 않아야 한다.

그러므로 장수는 승리하면서도 명예를 좇지 않으며, 패배할 때는 책임을 회피하지 않는다. 오로지 백성의 안전을 꾀하고, 나라의 이익에 부합되는 결과만을 추구할 따름이다. 이 때문에 장수는 나라의 보배이다.

장수는 병사들을 어린아이처럼 보살펴 준다. 그러므로 병사들이 장수를 따라 깊은 골짜기에 함께 뛰어들게 된다. 장수는 병사들을 사랑스런 자식처럼 돌보아 준다. 그러므로 병사들이 장수와 더불어 기꺼이 죽을 수 있게 된다.

그러나 장수가 병사들을 매우 후대해 주면서도 마음대로 부리지 못하거나, 지나치게 사랑해 주고도 명령을 제대로 내리지 못하거나, 병사들이 군기를 어지럽히는데도 이를 바로잡지 못한다면, 이러한 병사들은 마치 버릇 없고 잘난 체하는 자식처럼 전투에는 아무런 쓸모가 없다.

夫地形者, 兵之助也. 料敵制勝, 計險阨遠近, 上將之道也. 知此而用戰者, 必勝, 不知此而用戰者, 必敗. 故戰道必勝, 主曰無戰, 必戰可也. 戰道不勝, 主曰必戰, 無戰可也. 故進不求名, 退不避罪, 唯民是保, 而利合於主, 國之寶也. 視卒如

嬰兒, 故可與之赴深谿, 視卒如愛子, 故可與之俱死. 厚而不
能使, 愛而不能令, 亂而不能治, 譬與驕子, 不可用也.

　아군의 공격 능력만을 알고 적의 방어 능력을 모른다면, 승리의
가능성은 절반밖에 되지 않는다. 적의 방어 능력만을 알고 아군의
공격 능력을 모른다면, 역시 승리의 가능성은 절반밖에 되지 않는
다. 적의 방어 능력과 아군의 공격 능력을 안다 하더라도, 지형이
불리하다는 것을 모른다면, 그 역시 승리의 가능성은 절반밖에 되
지 않는다.

　그러므로 전쟁을 아는 장수가 병사를 출동시키면 목표가 분명하
여 헷갈리지 않으며 싸우더라도 곤경에 빠지지 않는다.

　그러므로 '적을 알고 나를 알면 승리가 위태롭지 않다. 하늘의
기후를 알고 땅의 지형을 알면 승리가 무궁하고 완전하다'[11]고 말
할 수 있다.

　知吳卒之可以擊, 而不知敵之不可擊, 勝之半也. 知敵之可
擊, 而不知吳卒之不可以擊, 勝之半也. 知敵之可擊, 知吳卒
之可以擊, 而不知地形之不可以戰, 勝之半也. 故知兵者, 動

---

11. 원문은 『손자십가주』의 경우는 '승내불궁'(勝乃不窮)이고, 『무경칠서』의 경우
　는 '승내가전'(勝乃可全)이므로 두 의미를 모두 포함시켰다.

而不迷, 擧而不窮. 故曰, 知彼知己, 勝乃不殆, 知天知地, 勝乃可全.

11. 지형 활용 [九地]
― 극한상태에서 모든 걸 걸고 싸워라

「구지」(九地)는 말 그대로 공격 작전의 변화에 따라 전쟁터를 아홉 종류로 분류하고, 그 지역의 특성과 영향력이나 작용에 적절한 작전 변화의 원칙을 논하는 편이다.

이 아홉 지형 중 다섯 가지인 오형(伍形)은 제8편 「구변」(九變)에서 이미 말한 바 있다. 또한 지리와 지형에 대해서는 「행군」과 「지형」에서도 말하였다. 앞 편에서는 자연적인 형세를 기준으로 구분했지만 이 편에서는 대체로 아군과 적군이 놓여 있는 상황을 근거로 구분했다. 자연지리와 인문지리 정도의 차이라고 할 수 있다.

손무는 지형과 더불어 적의 약점을 만들고, 주도권을 쟁취하며, 빈틈을 찌르고, 빠르게 출동할 것을 거듭 강조하였다. 아울러 적지에서의 전투력 축적, 전술 변화, 사기와 투지를 장악하고 유도하는 방법, 적지 후방에서의 행동 요령, 전쟁이 일어나기 직전과 직후의 기밀 유지와 기동 요령에 관하여서도 말하고 있다.

손무는 말하였다.

전쟁터의 지형에는 '산지', '경지', '쟁지', '교지', '구지', '중지', '비지'[1], '위지', '사지'의 아홉 가지[2]가 있다.

자기 나라 영토 안에서 벌어진 전쟁이라 마음이 흐트러진 전쟁터를 '산지'[3]라고 한다.

적지에 깊이 진입하지 않은 국경 근처의 쉽게 흔들리는 지역을 '경지'[4]라고 한다.

아군이 점령하면 아군에게 유리하고, 적군이 점령하면 적에게 유리해서 다투는 전략 요충지를 '쟁지'라고 한다.

아군이 진출할 수도 있고 적이 공격해 올 수도 있는 교차 지역을 '교지'[5]라고 한다.

---

1. 죽간본에는 '범지'(氾地)로 표기되었다. 8편 「구변」에서 이미 말하였다.
2. 원문은 '산지'(散地), '경지'(輕地), '쟁지'(爭地), '교지'(交地), '구지'(衢地), '중지'(重地), '비지'(圮地), '위지'(圍地), '사지'(死地)이다. 이 가운데 '구지'에서 '사지'까지의 다섯 지형은 이미 8편 「구변」에서 설명하였다.
3. 나라의 형세가 적국보다 약하여 강력한 적의 침입을 당하여 자기 나라 영토 안에서 작전하는 경우이다. 그리하여 제후가 직접 전쟁에 참여하게 되고 전투 이외의 부담 요소들이 많기 때문에 병사들이나 지휘관들이 매우 혼란스럽게 여기는 전쟁터이다.
4. 적의 국경 너머 깊숙이 진입하지 않은 지역으로 병사들이 고향 소식으로 쉽게 흔들리고 도망갈 가능성이 많기 때문에 전투력이 집중되지 않는 곳이다.
5. 도로망이 발달하여 교통이 편리한 평지 지역으로 공격이나 수비에 특별히 도움이 될 만한 지형지물이 없는 곳이다. 이런 곳은 보급로를 확보하는 것이 관건이다.

적대하는 두 나라가 제3국과 국경을 맞대고 있는 지역으로서 적과 아군 중에 먼저 도착하는 쪽이 제3국과 우호 관계를 맺고 지원을 받을 수 있는 접경 지역을 '구지'[6]라고 한다.

적지에 깊이 침입하여 그 나라의 많은 성을 거쳐서 등 뒤에 강력한 적대 세력을 두게 되는 부담스런 지역을 '중지'[7]라고 한다.

산악지대, 숲지대, 장애지대, 늪지대 등 행군하기 어려운 지역을 '비지'라고 한다.

진입로는 좁고 험준하며, 후퇴로는 멀리 돌아가서, 적이 소수 병력으로 아군의 다수 병력을 쳐부술 수 있게 에워싼 지역을 '위지'라고 한다.

속전속결로 전 병력이 분투하면 살아날 수 있고, 그렇지 않으면 전멸 당하는 죽음을 무릅쓰는 지역을 '사지'라고 한다.

'산지'에서는 싸움을 하지 않으며, '경지'에서는 오래 머물지 않으며, '쟁지'에서는 공격해서는 안 되며, '교지'에서는 각 부대 사

---

6. '구지'는 세 나라 이상이 국경을 맞대고 있는 지역으로 당사국 모두에게 중요한 땅이다. 따라서 이 땅을 확보하면 그 다른 나라와 우호 관계를 맺을 수도 있고, 이 곳을 통과하는 모든 사람들을 얻을 수 있게 된다. 그러므로 전투 자체보다는 외교에 많은 관심을 기울여야 한다.

7. '경지'와 반대로 적의 국경 깊숙이 침입하여 병사들이 도망가려는 마음은 사라지고, 일치단결하여 전투에 임할 수 있는 지역이다. 그런데 한편으로 아군의 지원과 구원이 어렵고 의지할 대상이 없으므로 필사의 작전이 필요하다. 이 원정군이 살아날 방법은 현지에서 모든 보급물을 노략질하는 방법밖에는 없다.

이에 긴밀한 연락체제를 유지해야 하며, '구지'에서는 외교활동을 강화해야 하며, '중지'에서는 적지에서 식량과 물자를 노략질해야 하며, '비지'에서는 가능한 한 빨리 지나가야 하며, '위지'에서는 계략으로 그 지역을 벗어나야 하며, '사지'에서는 전력을 다하여 결사적으로 싸워야 한다.

孫子曰, 用兵之法, 有散地, 有輕地, 有爭地, 有交地, 有衢地, 有重地, 有圮池, 有圍地, 有死地. 諸侯自戰其地, 爲散地. 入人之地而不深者, 爲輕地. 我得則利, 彼得亦利者, 爲爭地. 我可以往, 彼可以來者, 爲交地. 諸侯之地三屬, 先至而得天下之衆者, 爲衢地. 入人之地深, 背城邑多者, 爲重地. 行山林險阻沮澤, 凡難行之道者, 爲圮地. 所由入者隘, 所從歸者迂, 彼寡可以擊吾之衆者, 爲圍地. 疾戰則存, 不疾戰則亡者, 爲死地. 是故散地則無以戰, 輕地則無止, 爭地則無攻, 交地則無絶, 衢地則合交, 重地則掠, 圮地則行, 圍地則謀, 死地則戰.

예로부터 작전 지휘에 능통한 장수는 적의 앞뒤 부대가 서로 연결되지 못하도록 만들고, 주력부대와 소부대가 서로 지원하지 못하게 만들며, 지휘관과 병사가 서로 구하지 못하도록 만들고, 계급이 높은 자와 낮은 자가 서로 도와주지 못하도록 만들었다. 또 병사들이 흩어져서 집결하지 못하게 만들고, 병력이 모였다 하더라도 질서를 유지하지 못하게 하여 전투력을 발휘할 수 없게 만들었다.[8] 그런가 하면 아군에게 유리한 상황이 만들어지면 곧바로 공격하며, 아군에게 불리한 상황이 되면 곧바로 행동을 중지하고 여건이 좋아지기를 기다린다.

적이 대병력으로 만반의 태세를 갖추고 공격해 오면 어떻게 대처해야 하는가? 이러한 경우에는 먼저 적이 중시하는 적의 요충지를 먼저 빼앗아 기선을 제압하여야 한다. 그렇게 되면 아군은 적을 마음대로 조종할 수 있다.[9]

요컨대 용병은 신속함을 중심으로 해야 한다. 적이 대비하지 못한 빈틈을 타서 미처 예상하지 못한 방법으로 적이 경계하지 못한

---

8. 이 문장은 일종의 분열 공작을 말한다. 그리하여 그 핵심은 적은 분산시키고 아군은 집중 공격하여 각개격파하는 데에 있다. 그리고 적의 선두 부대와 후속 부대의 연결을 끊고, 적의 주력 부대와 지원 부대의 연계를 가로막으며, 적의 병사들 사이에 불신과 의심을 조성하여 뿔뿔이 흩어지게 만들고, 지휘자와 전투 병사 사이의 거리를 떼어 연락을 못하게 만들며 병력을 분산시키고 집결되었더라도 전투력이 집중되지 못하게 만든다. 이러한 상황 모두가 적을 하나하나 나누어 각개격파할 수 있는 호기이다.

9. 앞 문장이 적의 내부를 분열시키는 공작이라면 뒷문장은 외부에서 적의 허점을 찌르는 공격 전술이다. 이 전술의 핵심은 아군이 적지에 진출하여 집중 공격을 하기 전에 적에게 각개격파를 당하지 않도록 막는 데 있다. 만약 적이 우세한 병력, 군기가 확립된 상태로 맞설 때에는 적이 가장 중요시하는 급소, 이를테면 수도, 요충지, 사령부, 장수, 통신시설, 보급로 등을 목표로 하여 타격을 가하여 적이 피동적인 위치로 떨어지게 만든다.

지점을 집중 공격하는 것이다.

所謂古之善用兵者, 能使敵人前後不相及, 衆寡不相恃, 貴
賤不相救, 上下不相救, 卒離而不集, 兵合而不齊. 合於利而
動, 不合於利而止. 敢問, 敵衆整而將來, 待之若何. 曰, 先奪
其所愛, 則聽矣. 兵之情主速, 乘人之不及, 由不虞之道, 攻
其所不戒也.

적국[10]에 진입할 때는 적진 깊숙이 진입해야 한다. 적지에 깊숙
이 진입할수록 아군은 '중지'에 있는 상태이므로 단결력이 강화되
고, 적은 '산지'에서 싸우는 상황이므로 제대로 막을 수 없게 된다.
아군은 물자가 풍부한 지방을 점령하여 군량을 현지에서 조달하
여 전군을 넉넉하게 먹인다. 그리고 병사들을 적절하게 쉬게 하여
힘을 쌓고 사기를 드높인다. 그리하여 전투력을 운영하는 데 효율
성을 더하고 계략을 잘 세워서, 적이 아군의 실력과 의도를 헤아릴
수 없게 만든다.

이런 지역에 있으면 아군은 도망가려고 해도 도망갈 데가 없게

---

10. 원문은 '객'(客)이다. 병학 용어에서 주(主, 또는 主人)는 아군을, 객(客)은 적
    군을 뜻한다. 이 두 개념이 쌍을 이루어 피아(彼我)의 뜻으로 쓰인다. 『손빈병
    법』에는 이 개념에 대해서 자세히 서술한 「객주인분」이라는 편이 있다.

되어, 죽음만이 있을 뿐 패배하여 물러날 수 없다는 마음가짐을 품게 된다. 병사들이 목숨을 걸고 용감하게 싸우니 이기지 못할 상대가 없으며, 지휘관과 병사가 한마음으로 힘을 다하니 넘어서지 못할 어려움이 없다.

병사들은 어떤 막다른 골목에 빠지더라도 오히려 두려워하지 않으며, 도망갈 길이 없다는 생각이 들면 결사항전의 각오가 굳어지게 마련이다. 적지 깊숙이 들어갈수록 장병들의 행동이 하나가 되고 어쩔 수 없다고 생각할 때에는 결사적으로 싸우게 된다.

그러므로 이러한 군대는 훈련을 하지 않더라도 병사들 스스로 경계할 줄 알며, 억지로 요구하지 않아도 임무를 완수하며, 서로 약속하지 않았더라도 친밀하게 협력할 것이며, 군령이 내려지지 않아도 군기를 지킬 줄 알게 되는 것이다. 병사들 사이에 점과 같은 미신[11]을 금지하고 유언비어를 막으면, 승리의 확신을 품고 죽음에 이르더라도 물러서지 않을 것이다.

병사들이 자기의 재산이나 목숨을 돌보지 않고 싸우는 것은 그들이 모두 재산이나 생명을 싫어해서 그런 것이 아니다. 출동 명령이 떨어지게 되면, 그들은 앉은 이는 눈물로 옷깃을 적시고, 누운 이는 얼굴이 눈물 범벅이 된다.[12]

---

11. 원문은 '상'(祥)이다. 길흉의 조짐을 뜻하는 말인데, 발전하여 길흉화복을 점치는 행위를 뜻하게 되었다.

12. 적과 결전을 앞둔 병사들의 비장한 마음가짐을 표현한 것이다. 그런데 학자

그러나 병사들은 일단 전진 이외에 더 이상 갈 데가 없는 전쟁터에 던져지면, 저 옛날 용맹스런 전제나 조귀[13]처럼 결사적으로 싸우게 되는 것이다.

凡爲客之道, 深入則專, 主人不克. 掠於饒野, 三軍足食. 謹養而勿勞, 倂氣積力. 運兵計謀, 爲不可測. 投之無所往, 死且不北, 死焉不得, 士人盡力. 兵士甚陷則不懼, 無所往則固, 深入則拘, 不得已則鬪. 是故其兵不修而戒, 不求而得, 不約而親, 不令而信. 禁祥去疑, 至死無所之. 吳士無餘財, 非惡

에 따라서는 앉거나 누워서 참전하지 못하는 부상병들의 적개심이라고 해석하는 경우도 있다.

13. 전제(專諸)는 춘추시대 말엽 오나라 당읍(堂邑, 현 江蘇省 六合 북방) 출신의 협객(俠客)이다. 기원전 515년, 의형제를 맺은 오자서의 사주를 받고 당시 오나라왕 요(僚)를 죽이기로 결심하였다. 그리하여 연회석에 생선 요리를 바치면서 생선 뱃속에 감추었던 단검을 꺼내 오나라왕을 찔러 죽이고 현장에서 호위병들에게 죽임을 당하였다. 그 정변 결과 오자서는 공자(公子) 광(光)을 추대하였는데, 이 사람이 바로 합려이며, 오나라왕 합려는 손무를 등용하여 오나라를 마침내 강대국으로 일으켜세웠다.

조귀(曹劌)는 춘추시대 노나라의 용사로서, 조말(曹沫)이라고도 하였다. 기원전 684년 장작(長勺)전투에서 제나라를 쳐부수고 승리를 거둔 인물이다. 뒤에 노나라 장공(莊公)이 제나라 환공(桓公)에게 3전 3패를 당한 뒤 강제로 문양(汶陽) 땅을 빼앗기자, 두 군주가 협정을 맺는 자리에 뛰어들어 칼로 환공을 위협하고 빼앗긴 영토를 반환하도록 맹세시켰다는 일화가 있다.

전제나 조귀는 모두 벗어날 길이 없는 전쟁터에 던져지거나, 반드시 죽을 줄 아는 적진에서 적장의 목에 칼을 들이대고 용맹하게 싸운 인물의 예로 꼽힌 것이다.

貨也. 無餘命, 非惡壽也. 令發之日, 士卒坐者涕霑襟, 偃臥
者涕交頤, 投之無所往者, 諸劌之勇也.

　용병에 능숙한 자는 '솔연'[14]처럼 부대를 지휘한다. '솔연'은 상
산의 뱀 이름이다. 그 뱀은 머리를 치면 꼬리가 달려들고, 꼬리를
치면 머리가 달려들며, 허리를 치면 머리와 꼬리가 한꺼번에 달려
든다. 그렇다면 군대도 그 '솔연'이란 뱀처럼 부릴 수 있는가? 물
론 가능하다. 오나라 사람과 월나라 사람은 서로 철천지 원수처럼

---

14. '솔연'(率然)은 본래 매우 재빠르다는 뜻인데 여기서는 뱀 이름으로 쓰였다.
『신이경』(神異經)과 『서황경』(西荒經)에 의하면 "서쪽 지방의 산속에 사는 뱀
인데 머리와 꼬리가 자못 크며, 몸뚱이는 오색 무늬로 얼룩졌다"고 쓰여 있
다. 상산(常山)은 하북성(河北省) 곡양현(曲陽縣) 서북쪽에 있는 산이다. 원래
이름은 항산(恒山)으로, 중국의 명산 오악(伍岳)중의 하나로 북악(北岳)을 뜻
한다. 한(漢)나라 문제(文帝) 유항(劉恒)의 이름을 피하여 상산으로 고쳤다가,
북주(北周) 무제(武帝) 때에 다시 항산으로 복원하였다. 이로써 보면 『손자병
법』의 저작 연대와 상관없이 이 책이 하나의 정본으로 자리잡아 출간된 시기
가 한 중기에서 위진시대 사이라는 점을 알 수 있다. 이렇게 상산의 뱀인 솔
연은 전설에 등장하는 매우 거대한 뱀으로 행동이 매우 재빠르고 난폭했다
고 한다. 특히 이 뱀은 머리를 치면 꼬리가 달려들고 꼬리를 치면 머리가 달
려들며 한가운데를 치면 머리와 꼬리가 한꺼번에 달려든다. 손무는 이를 부
대의 진법(陣法)에 활용하여 '상산사진'(常山蛇陣)이라는 번개 같이 빠른 전
술과 매우 강력한 기동력과 전투력을 가진 부대를 창안해 내었다고 한다. 그
러나 손무에게 가탁하여 만든 후대의 진법으로 보인다. 제갈량(諸葛亮)의 전
략서인 『편의십육책』(便宜十六策)에 이 진법에 대해서 소개되고 있다. 두 군
사학의 천재가 하나의 진법을 통해서 만나고 있다.

미워하지만, 그들이 한 배를 타고[15] 강을 건너다가 거센 바람을 만났을 때에는 한 몸에 붙은 왼쪽과 오른쪽의 두 손처럼 서로 구원해주어야만 살아날 수 있는 이치와 같다.

전투가 시작될 때에 말고삐를 잡아 묶고, 수레바퀴를 떼어 땅속에 묻어 가면서[16]까지 진용을 결속시키려 해도 제대로 되지 않는

---

15. 유명한 '오월동주'(嗚越同舟)의 고사가 나오는 부분이다. 오나라와 월나라는 양자강(揚子江) 이남에 자리잡은 제후국으로 국경을 맞대고 있었다. 오나라는 주나라 문왕(文王)의 백부(伯父)인 태백(太伯)과 중옹(仲雍)이 창건한 나라로 희성(姬姓)이다. 춘추시대 중엽 당시 강국이던 진(晉)나라의 도움으로 군사력을 기르고 기원전 585년에 태백의 19대손인 수몽(壽夢) 때부터 왕이라 칭하였다. 뒤에 합려(기원전 514년~496년 재위)는 명장 오자서와 대전략가인 손무를 등용하여 역시 양자강 유역의 강국인 초나라를 무찔렀다. 그런데 월나라 군대가 침입하고, 진(秦)나라가 초나라를 도운 데다가 오나라 군대 내부에서 반란이 일어나 하는 수없이 철수하였다. 그 뒤 합려는 월나라를 정벌하다가 전사하였고, 그 뒤를 태자 부차(夫差)가 이었다. 한편 월나라는 『사기』에 따르면 하(夏)나라왕 소강(少康)의 후예로 규성(嬀姓)이라고 하였고, 다른 책에는 우성(羋姓)이라고도 하였다. 처음부터 주나라의 후손이라는 문화적 자부심을 지닌 오나라와 타성씨의 이민족인 월나라는 사이가 좋지 못하였다. 게다가 양자강 유역의 풍요로운 농토를 놓고 끊임없이 싸웠으므로 이웃나라이면서도 사이가 좋지 않았다. 더구나 오나라의 합려와 부차 부자와 월나라의 구천(句踐)의 원한은 와신상담(臥薪嘗膽)의 고사성어의 배경이 되면서 춘추시대에 가장 비극적인 종말로 끝이 나고 만다. 바로 손무가 활동했던 시기에 일어난 일이다. 손무가 오월동주를 말할 때는 막다른 길목을 갇혀서 오도가도 못하게 되면 마음을 합쳐 어려움을 타개한다는 뜻으로 쓰였다. 그런데 후대에는 사이가 좋지 못한 사람이 함께 있다는 뜻으로 쓰이게 되었다.

16. 말을 가지런하게 묶어 놓고 수레바퀴를 땅속에 묻는다는 '방마매륜'(方馬埋輪)은 더 이상 움직이지 않고 그곳에서 진지를 굳게 만들고 싸우겠다는 결의를 보여 주는 것이다.

다. 병사들을 하나로 단결시키는 것은 지휘 통솔력의 길이다. 병사들 가운데 강자나 약자를 막론하고 그들의 힘을 적절히 발휘할 수 있게 만드는 것은 땅을 이용하는 법칙이다.

용병술에 능숙한 자가 전군의 병력을 한 사람처럼 손을 잡고 마음대로 지휘할 수 있는 것은 병사들 사이에 그렇게 하지 않으면 안 되도록 만들었기 때문이다.

故善用兵, 譬如率然, 率然者, 常山之蛇也. 擊其首則尾至, 擊其尾則首至, 擊其中則首尾俱至. 敢問, 兵可使如率然乎. 曰, 可. 夫鳴人與越人相惡也, 當其同舟而濟遇風, 其相救也如左右手. 是故方馬埋輪, 未足恃也, 齊勇若一, 政之道也. 剛柔皆得, 地之理也. 故善用兵者, 携手若使一人, 不得已也.

장수는 군대를 통솔하면서 언제나 침착하고 냉철하며, 엄정하고도 조리가 있어야 한다. 병사들의 눈과 귀를 어리석게 하여 제멋대로 판단하지 못하게 하며, 아군의 작전 계획이나 행동에 대하여 알지 못하게 해야 한다.[17] 임무를 바꾸거나 계략을 변경할 때에 이를

---

17. 병사를 '무지'(無知)하게 만든다는 말은 작전 의도를 사전에 병사들에게 알리지 않아서 군사기밀을 보호하기 위한 조치이며, 병사를 기만하는 방법은 아니다.

병사들이 알게 해서는 안 되며, 주둔지를 옮기거나 행군로를 돌아 갈 때에 이를 병사들이 알게 해서는 안 된다.

장수가 병사들에게 일단 임무를 부여하면 마치 높은 지붕에 올려놓고 사다리를 걷어 버리듯, 그들이 오로지 그 임무를 완수할 수밖에 없도록 만들어야 한다.

장수가 군대를 이끌고 적지에 깊숙이 들어가면, 병사들을 마치 활을 떠난 화살처럼 오로지 전진만 하도록 해야 한다. 강을 건넌 뒤에는 배를 불태워 버리고 취사용 솥도 깨뜨려 버리며[18] 장수가 필사의 결의를 보인다. 그리고 양떼를 마구 몰듯 병사들을 휘몰아 전진하기도 하고 후퇴하기도 하면서, 병사들은 뒤따르기만 할 뿐 어디로 가는지 방향을 알지 못하게 만든다. 이와 같이 전군을 절대 절명의 궁지에 몰아 넣고, 그들로 하여금 결사적으로 싸우게 만드는 것이 바로 장수의 임무이다.

아홉 가지 지형의 변화와 전진과 후퇴의 판단, 그리고 인간 심성

---

18. 원문은 '분주파부'(焚舟破釜)이다. 돌아갈 길을 막아 놓고 결사적으로 전투하겠다는 의지를 불태우는 전술이다. 손무의 이 전술은 뒤에 항우(項羽)가 사용하였는데 약간 글자가 달라서 "솥을 부수고 배를 가라앉힌다"는 뜻의 '파부침선'(破釜沈船)梼甒이라 하였다. 『사기』「항우본기」(項羽本紀)에 실린 원문을 한번 살펴보자. "항우는 모든 군사를 이끌고 강을 건너자, 배를 가라앉히고 솥을 부수며 야영하는 막사마저 깡그리 태워 버렸다. 그리고 병사에게는 사흘분의 식량만을 지니게 하였다. 그리하여 전원에게 한 명이라도 살아서 돌아가지 않을 각오로 싸울 결의를 굳게 보였다."[項羽乃悉引兵渡河, 皆沈船, 破釜甑, 燒廬舍, 持三日糧, 以示士卒必死無一還心.] 전쟁에서 마지막에 사용하는 전술이며 손무 이래로 수많은 장수들이 사용하였다.

의 본질을 파악하는 일은 장수된 자가 언제나 신중히 살피지 않으면 안 된다.

　將軍之事, 靜以幽, 正以治, 能愚士卒之耳目, 使之無知. 易其事, 革其謀, 使人無識, 易其居, 迂其途, 使人不得慮. 帥與之期, 如登高而去其梯. 帥與之深入諸侯之地, 而發其機, 焚舟破釜, 若驅羣羊而往, 驅而來, 莫知所之. 聚三軍之衆, 投之於險, 此謂將軍之事也. 九地之變, 屈伸之利, 人情之理, 不可不察也.

　적국에 진입할 때는 다음 사항을 유의하여야 한다.

　적지에 깊숙이 들어갈수록 병사들의 단결심은 더욱 단단해진다. 그러나 적지에 조금밖에 들어가지 않아 국경 가까이 머물면, 병사들의 단결심이 풀어져서 도망병이 늘어난다.

　자기 나라를 떠나 적의 국경을 넘어 들어가서 고립된 작전 지역을 '절지'라고 한다. 사방으로 교통로가 열려진 지역을 '구지'라고 한다. 적지 깊숙이 진입하여 싸우게 된 지역을 '중지'라고 한다. 국경에서 멀지 않은 적지에 들어가서 싸우게 된 지역을 '경지'라고 한다. 등 뒤에는 험준한 산악이 막혀 있고 앞에는 좁은 통로가 놓여 있는 지역을 '위지'라고 한다. 전진로와 후퇴로가 모두 막혀 오도가도 못하는 지역을 '사지'라고 한다.

'산지'에서는 병사들의 의지를 하나로 합쳐서 전투에 임하도록 하여야 한다. '경지'에서는 부대 사이의 통신을 긴밀하게 하여 병사들의 긴장을 유지하여야 한다. '쟁지'에서는 재빠르게 움직여 적의 뒤통수를 공격하여야 한다. '교지'에서는 방어 태세를 철저히 갖추어야 한다. '구지'에서는 제3국과의 유대를 단단하게 다져야 한다. '중지'에서는 식량을 적지에서 빼앗아 군량이 끊이지 않게 하여야 한다. '비지'에서는 그 지역을 빨리 지나가야 한다. '위지'에서는 탈출구를 스스로 막아 버려 병사들이 도망가려는 심리를 꺾어서 결사적으로 싸우게 하여야 한다. '사지'[19]에서는 죽기를 다하여 싸우겠다는 결의를 보여 주어야 한다.

병사들의 심리는 포위를 당하면 힘을 합쳐 저항하고, 상황이 절박해져 어쩔 수 없게 되면 필사적으로 싸우며, 엄청난 위험에 빠지

---

19. 이른바 '구지'에서의 적극적인 대응책에 관하여는『손자십가주』「서록」(敍錄)에 풍부하고 자세하게 기록되어 있다. 이「서록」은 필이순(畢以珣)이 한(漢)나라 때 조엽(趙曄)이 지은『오월춘추』(鳴越春秋)를 인용하면서 오나라왕 합려가『손자병법』13편을 다 읽고 나서 지은이인 손무와 그 내용에 관한 문답을 나누었다고 밝혔다. 그러나 이『오월춘추』가 허구에 가깝고 문장의 부연이 심한 데다가, 역사적 사실 또한 고증하기 어려운 부분이 많아서, 실제로 그러한 문답이 있었는지조차 믿을 수가 없다. 그런데『통전』에 11편이 기록되어 있으며,『십일가주손자』의 하씨(何氏)와 장예(張五)의 주석에는「사지전」(死地戰)과「산지전」(山地戰)을 제외한 9편이 기록되어 있다. 모두 지금 전하는『손자병법』에는 빠져 있는 글이다. 그렇다면 13편 외에 더 많은『손자병법』의 글이 전한다는 말이 된다. 더욱 깊은 연구를 기다려 보아야 할 것이다.「부록」을 참조.

면 장수가 지휘하는 대로 따르게 마련이다.

凡爲客之道, 深則專, 淺則散. 去國越境而師者, 絶地也. 四
達者, 衢地也. 入深者, 重地也. 入淺者, 輕地也. 背固前隘者,
圍地也. 無所往者, 死地也. 是故散地吳將一其志, 輕地吳將
使之屬, 爭地吳將趨其後, 交地吳將謹其守, 衢地吳將固其結,
重地吳將繼其食, 圮地吳將進其途, 圍地吳將塞其闕, 死地吳
將示之以不活. 故兵之情, 圍則禦, 不得已則鬪, 過則從.

그러므로 적국의 정책과 의도를 모르면 이웃 나라와 미리 외교
관계를 맺을 수 없다. 산악지대, 삼림지대, 험준한 지대, 늪지대 등
의 지형을 제대로 정찰하여 알지 못하는 군대는 행군하지 못한다.
길라잡이[20]를 적절하게 부리지 못하는 군대는 지형상의 이점을 활
용할 수 없다.

'아홉 가지 지형'[21] 가운데 어느 곳 하나라도 알지 못하면 위대한
패자나 왕자의 군대[22]가 될 수 없다. 패자나 왕자의 군대가 적국을

---

20. 원문은 '향도'(鄕導)이다. 행군하면서 전방의 상황이나 적의 정세를 미리 파
악하기 위해 내보내는 척후병이면서 그 지형을 잘 아는 길잡이를 뜻한다.

21. 원문은 '사오'(四伍)이다. 구지(九地) 가운데 앞뒤의 네 지형과 다섯 지형을
함께 가리키는 말이다.

22. 원문은 '패왕지병'(覇王之兵)이다. 패자(覇者)는 무력으로 천하 백성을 다스

공격할 때는 그 적국이 아무리 강대하다 하더라도 병력을 미처 동원하지 못하게 만들며, 위엄으로 적국이 다른 나라와 동맹을 맺지 못하게 만든다.

그러므로 패자나 왕자는 다른 나라와 우호 관계를 맺으려고 외교적으로 다툴 필요가 없고, 자기 나라의 세력을 기르려고 군사력을 다툴 필요도 없으며, 자기의 뜻을 펼쳐서 믿음을 얻고 위엄을 보이기만 한다면, 적국의 성을 빼앗을 수도 있고, 나라를 멸망시킬 수도 있다.

是故不知諸侯之謀者, 不能五交, 不知山林險阻沮澤之形者, 不能行軍, 不用鄕導者, 不能得地利. 四伍者不知一, 非霸王之兵也. 夫霸王之兵, 伐大國則其衆不得聚, 威加於敵, 則其交不得合. 是故不爭天下之交, 不養天下之權, 信己之私, 威加於敵, 故其城可拔, 其國可隳.

리는 군주(以力治人)이고, 왕자(王者)는 덕으로 천하 백성을 복종하게 만드는 군주(以德服人)를 말한다. 주석가에 따라서는 손무가 현실의 권력을 존중하는 입장이므로 패왕을 패주(覇主)로 보아야 한다고 보았지만 앞의 의견에 따라 풀었다.

장수는 관례를 깨뜨리는 포상을 하기도 하고, 상식을 뛰어넘는 명령을 내리기도 하며,[23] 전군을 마치 한 사람처럼 자유자재로 다룰 줄 알아야 한다. 부하에게 임무를 맡길 때에 어째서 이 임무를 수행해야 하는지를 설명해 주어서는 안 된다. 유리한 점을 들어 격려하되, 그들 앞에 닥쳐올 위험이나 불리한 점을 미리 알려 주어서는 안 된다.

군대란 멸망하는 땅에 던져져야 비로소 보존하는 방법을 깨닫게 되고, 하나도 살아 남지 못할 땅에 빠져야 비로소 살아 남은 방법을 찾게 된다. 군대는 위험에 빠져야만 승부를 생각하게 된다.

용병술의 미묘함은 먼저 적의 뜻대로 움직이는 듯이 보이며 적을 기만[24]한 다음, 아군의 힘을 한 곳에 집중시켜 적의 빈틈을 집중 공격하는 데 있다. 이렇게 하면 천 리 밖에 있는 적장을 사로잡거나 죽일 수 있다. 그야말로 '교묘한 능력으로 큰일을 이룩하였다'고 말할 수 있는 것이다.

---

23. 용병술에는 정도(正道)와 기도(奇道, 또는 權道)가 있다. 손무는 그 두 가지를 잘 조화할 것을 강조하였다. 포상과 명령에 있어서도 정기적인 것은 수상자들이나 명령을 받는 사람들에게 효과가 적다. 오히려 예상하지 못한 때와 장소를 골라 적절하게 구사하면 사기진작과 같은 심리적인 효과를 기대할 수 있다.

24. 원문은 '순상적지의'(順詳敵之意)이다. 조조의 주석에 "적이 전진하려 하거든 병사를 매복시키고 물러나고, 적이 철수하려 하면 이를 분산시켜 공격한다"(彼欲進, 設伏而退, 欲去, 開而擊之)라고 하였다. 적의 움직임에 따라 적절하게 반응하여 적을 속이는 전술을 뜻한다.

施無法之賞, 懸無政之令, 犯三軍之衆, 若使一人. 犯之以事, 勿告以言, 犯之以利, 勿告以害. 投之亡地然後存, 陷之死地然後生. 夫衆陷於害然後能爲勝敗. 故爲兵之事, 在於順詳敵之意. 幷敵一向, 千里殺將, 此謂巧能成事者也.

그러므로 적국과의 전쟁이 결정되면, 국경의 관문 등을 막고 통행증을 폐기하여[25] 적의 사절이 오고가지 못하게 한다. 조정에서는 힘을 기울여 전략 전술에 대해서 신중하게 검토하고 연구하여 기본 계획을 세운다. 그리고 일단 적국이 허점을 드러내면 기회를 잡아서 신속하게 침공한다. 먼저 적국이 가장 중요하게 여기는 요충지를 기습 점령한 다음, 적의 행동이나 정세 변화에 따라서 전술을 바꿔서[26] 전투를 결정해야 한다.

그러므로 전투가 시작되기 전까지는 처녀처럼 조용하고 침착하고 조심하여 적의 경계심을 늦추어 문을 열게 만들고, 전투가 시작

---

25. 원문은 '이관절부'(夷關折符)이다. '이관'(夷關)은 국경 문의 빗장을 건다는 뜻이다. '부'(符)는 '부신'(符信)이라고 쓰며 일종의 징표 내지는 암호표로 대나무나 옥을 쪼개서 반쪽을 나눠서 나중에 그것을 맞춰서 신분을 증명하거나 신호를 전달하였다. 일종의 통행증이나 신분증명서인 셈이다.

26. 원문은 '천묵수적'(踐墨隨敵)이다. '천'(踐)은 실천하다 또는 집행한다는 뜻이다. '묵'(墨)은 '승묵'(繩墨)이라는 먹줄자를 뜻하므로 규구(規矩), 규정, 전술 등을 뜻한다. 전체적인 뜻은 작전 방안이나 전술의 실행은 반드시 적의 정황이나 상태에 따라서 변화해야 한다는 뜻이다.

되면 마치 덫에서 벗어난 토끼처럼 재빠르게 출동하여, 적이 미처 저항하지 못하게 만든다.[27]

是故政擧之日, 夷關折符, 無通其使, 勵於廊廟之上, 以誅 其事, 敵人開闔, 必亟入之. 先其所愛, 微與之期, 踐墨隨敵, 以決戰事. 是故始如處女, 敵人開戶, 後如脫兎, 敵不及拒.

---

27. 싸움이 시작되기 전에는 조용하고 조심스럽게 행동하여 수줍은 처녀처럼 보이면 적도 마음을 놓고 대비를 허술하게 한다. 그래서 이 틈을 타고 덫에서 풀려진 토끼처럼 잽싸게 쳐들어가면 적은 아군을 막아내지 못하게 된다. 이를 위해서는 사전에 만반의 준비를 다하여 힘을 집중해 놓아야 한다. '처음에는 처녀처럼'의 비유는 매우 재치 있고 재미 있는데 손무의 의도는 전술의 핵심을 설명하는 데 있었다.

12. 초토화 작전술 [火攻]

― 마지막까지 싸움의 결과를 생각하라

「화공」(火攻)은 「화」(火) 또는 「화진」(火陳)이라고도 부른다. 이 편은 고대의 전투에서 무척 중요시했던 불로 하는 공격을 다섯 가지 종류로 나누고, 그 실시 방법과 필수 조건을 말하고 있다.

손무 이전에도 어떠한 형태이든 전쟁에 화공을 이용한 사례가 많았으므로, 그의 화공법도 이론적 체계 외에는 독특한 것이 없다. 도리어 이 편에서 중요시되는 점은 전쟁의 표면적 승리보다도 전쟁의 궁극적 목표를 달성하였는가의 여부를 묻고, 또 군주와 장수들에게 감정에 치우친 전쟁의 도발이나 개인적인 분노 때문에 전투를 추구하는 행동을 경고한 신중한 전쟁론인 '신전사상'(愼戰思想)을 제기한 것이라고 할 수 있다.

이는 1편「시계」의 앞에서 말한 "전쟁이란 나라의 큰일이다. 삶과 죽음을 가르는 곳이며 나라의 존재와 멸망을 가르는 길이니 신중하게 살펴보아야 할 것이다"라는 말과 맥락을 같이하는 것이다.

손무는 말하였다.

불로 하는 공격인 화공에는 대상에 따라 다음 다섯 가지가 있다.

첫째, 적군의 막사를 불태워 병사와 말을 죽이는 방법이다.

둘째, 적군의 식량 창고를 불태우는 방법이다.

셋째, 적의 보급물자를 불태우는 방법이다.

넷째, 적의 보급창고[1]를 불태우는 방법이다.

다섯째, 적의 운송 수단을 불태우거나 보급로를 화공으로 가로막는 방법이다.[2]

이상의 다섯 가지 화공술을 실시하려면 반드시 일정한 조건이 갖추어져야 하며, 목표에 따라서 적절하게 불 붙일 도구와 재료를 확보해 두어야 한다. 또 화공에는 불을 놓는 적절한 때와 불이 일어나는 적절한 날이 있다. 화공에서 적절할 때란 메마른 계절을 가리킨다. 화공에 적절한 날이란 달이 '기', '벽', '익', '진'의 네 별자

---

1. 두목은 주석에서 "군수품을 수레에 싣고 수송 중이면 치(輜)라 하며, 성이나 진영에 쌓아서 보관하면 고(庫)라고 한다"라고 하였다. 앞의 셋째 '화치'(火輜)와 넷째 '화고'(火庫)의 구분법이다.

2. 다섯째 방법에 대해서 『손자십가주』에서는 다음의 네 가지로 해석하고 있다. 첫째, 적의 부대와 무기를 불사른다.(李筌, 梅堯臣, 張五의 해석) 둘째, 적의 식량 보급로를 끊고 운수시설을 불사른다.(賈林, 何氏의 해석) 셋째, '대'(隊)는 큰 배인 '예'(艤, 江船)의 가차자이므로, 적선(敵船)을 불태운다는 뜻이다. 넷째, '대'(隊)와 '수'(邃)는 동의어이므로 적의 수송로를 화공으로써 가로막는다는 뜻이다. 화공 방법의 전개상 다섯째는 식량 보급로를 비롯해서 교통로와 수송 수단을 불태우는 방법이라고 보는 것이 적절하다.

리[3] 가운데 한 자리를 지나는 날을 가리킨다. 달이 이 네 별자리를 통과할 때에는 큰 바람이 일기 때문이다.

孫子曰, 凡火攻有伍, 一曰火人, 二曰火積, 三曰火輜, 四曰 火庫, 伍曰火隊. 行火必有因, 煙火必素具. 發火有時, 起火有 日. 時者, 天之燥也. 日者, 宿在箕壁翼軫也. 凡此四宿者, 風 起之日也.

화공을 실시할 때에는 이 다섯 가지 방법을 사용하되, 상황의 변화에 따라서 거기에 맞춰서 임기응변하여야 한다. 적진 안에서 불

---

3. 고대 중국 천문학에서는 28개의 성좌, 즉 28수(宿)의 별자리로 방위의 표준을 삼았는데, 그 방위에 위치한 별의 명칭은 다음과 같다.
   동남방(靑龍) : 각(角) 항(亢) 저(氐) 방(房) 심(心) 미(尾) 기(箕)
   동북방(玄武) : 두(斗) 우(牛) 여(女) 허(虛) 위(危) 실(室) 벽(壁)
   서북방(白虎) : 규(奎) 루(婁) 위(胃) 묘(昴) 필(畢) 취(觜) 삼(參)
   서남방(朱雀) : 정(井) 귀(鬼) 유(柳) 성(星) 장(張) 익(翼) 진(軫)
   달이 이 28수를 한 바퀴 경유하면 1년이 된다고 설명하였다. 이 가운데 기성(箕星, 궁수좌), 벽성(壁星, 페가수스좌, 안드로메다좌), 익성(翼星, 컵자리좌 성 등 11개, 바다뱀좌), 진성(軫星, 까마귀좌)은 바람을 타는 별로서 기성이 간위(艮位)에 있고 달이 그 다음에 위치하는 날 반드시 동북풍이 일어난다고 믿었다. 그리고 벽성이 건위(乾位)에 있고 달이 그 다음에 위치하는 날은 서북풍, 그리고 익성이나 진성이 손위(巽位)에 있고 달이 그 다음에 위치하는 날에는 동남풍이 분다고 믿었다. 고대 바빌로니아 천문학에서도 이 진성을 바람을 일으키는 별자리로 규정하였다.

이 일어나면 빨리 밖에서 병력을 동원하여 호응해야 한다. 적진에 불이 일어났는데도 적이 여전히 침착하게 안정을 유지하고 있으면, 밖에서 조급하게 공격하지 말고 상황을 지켜 보면서 기다려야 한다. 불길이 가장 치열해졌을 때 공격이 가능한 상황이면 공격을 하고, 공격이 불가능한 상황이면 공격을 포기해야 한다.

화공은 적진 밖에서 가할 수도 있다. 그런데 적진 안에서 내통자가 불을 지르기를 기다리지 말고, 화공의 때와 조건이 성숙되면 외부에서 직접 적진에 불을 질러야 한다.

불은 바람이 불어오는 쪽을 등지고 놓아야 하며, 바람을 안고서 화공을 해서는 안 된다.[4] 낮 바람은 오래 불고, 밤바람은 짧게 불었다가 그친다.[5]

군대가 작전할 때에는 반드시 이 다섯 가지 화공 방법의 변화[6]

---

4. 이 문장의 원문에서 '상풍'(上風)과 '하풍'(下風)은 바람의 방향으로 이해할 수 있다. 물이 위에서 아래로 흐르는 것처럼 바람도 위에서 아래로 흐른다고 한다면 상풍은 바람을 등지고 있는 방향이고, 하풍은 바람을 맞받는 방향이다. 맞바람 속에서 공격하면 아군 역시 불길에 휩싸일 수 있기 때문이다.

5. 이 문장은 단순한데도 해석이 매우 분분하다. 어떤 이는 '오래 간다'는 뜻으로 쓰인 '구'(久)를 '종'(從)의 오자라고 보고 이 부분을 "낮 바람에 호응하여 공격하고, 밤바람에는 공격을 그쳐야 한다"로 해석하면서 그것의 근거를 밤에는 적의 복병이 불 뒤에 숨을 수 있어 뜻밖의 허를 찔릴 수 있기 때문이라고 풀이하였다. 또 다른 이들은 "낮 바람이 오래 불면 밤바람은 쉽게 그친다"로 해석하여 고대 중국의 일반적인 기상 현상의 한 법칙으로 이해하였다.

6. 다섯 가지 변화를 본문의 내용으로 간추려 보면 다음과 같다. 첫째, 적진 내부에서 불이 일어날 때에는 재빠르게 공격하라. 둘째, 불이 일어나도 적이 흔

를 잘 알고서 사용하되, 반드시 화공할 수 있는 때와 조건이 갖추
어질 때에만 실시해야 한다.

화공으로 공격을 보조하면 그 효과가 매우 분명하다. 수공으로
공격을 도우면 그 위력이 매우 강하다. 그러나 수공은 적군을 분산
시켜 끊어 놓을 수는 있지만, 화공처럼 적의 물자와 장비를 태워
버리지는 못한다.

凡火攻, 必因伍火之變而應之. 火發於內, 則早應之於外.
火發而其兵靜者, 待而勿攻. 極其火力, 可從而從之, 不可從
而止. 火可發於外, 無待於內, 以時發之. 火發上風, 無攻下
風, 晝風久, 夜風止. 凡軍必知有伍火之變, 以數守之. 故以
火佐攻者明, 以水佐攻者强, 水可以絶, 不可以奪.

전쟁에서 이기고 적의 영토를 쟁취하였더라도, 그 전쟁의 결과
가 본래 목적에 어긋난다면 흉한 일이다. 이를 '인명과 재산을 허
비하면서 머물러 있다'[7]고 한다.

들리지 않는다면 때를 기다려라. 셋째, 외부에서 화공이 가능하면 바람에 따
라 적절한 시기에 공격하라. 넷째, 바람을 안고 공격하지 마라. 다섯째, 바람
이 부는 때를 보고 공격하라.

7. 원문은 비류(費留)인데 '쓸데없이 낭비하다'라는 뜻이다. 손무의 병법으로서
는 최하책인 화공과 수공을 단행하여, 그 참혹한 결과로 얻은 승리가 궁극적

그러므로 지혜로운 군주는 전쟁의 결과를 신중히 검토하며, 훌륭한 장수는 전쟁의 본래 목적을 달성하고자 노력하는 것이다. 그래서 나라에 유리하지 않으면 군사 행동을 택하지 않으며, 승리의 확신이 없으면 병사를 움직이지 않으며, 위태롭지 않으면 결코 싸우지 않는다.

한 나라의 군주된 자가 한 때의 노여움 때문에 전쟁을 일으켜서는 안 되며, 전군의 장수된 자는 잠깐의 분노 때문에 전투를 추구해서는 안 된다. 나라의 이익에 들어맞으면 행동을 취하고, 나라의 이익에 맞지 않으면 진행 중인 전쟁이라도 멈추어야 한다. 노여움은 시간이 흐르면 다시 기쁨으로 바뀔 수 있고, 분노도 시간이 흐르면 다시 즐거움으로 바뀔 수 있다. 그러나 나라가 멸망하면 다시 세울 수 없고, 사람이 죽으면 다시 살릴 수 없는 것이다.

그러므로 밝고 지혜로운 군주는 전쟁에 신중하고, 뛰어난 장수는 싸움에 앞서 깊이 경계한다. 이것이 나라의 안전과 군대의 보전을 기하는 길이다.

夫戰勝攻取, 而不修其攻者凶, 命曰費留. 故曰, 明主慮之,

인 전략 목표에 도달하지 못하였다면, 백성의 목숨을 버리고 나라의 경제를 파탄에 떨어뜨리면서 군대를 전쟁터에 오래도록 주둔시킨 노력이 물거품이 되었다는 의미로 해석할 수 있다. 다른 견해로는 이전(李筌)이 "전쟁이 끝난 뒤 공적과 허물에 대한 상벌이 시행되지 않는 경우, 이를 비류라고 한다"라고 해석하였지만 무리가 있는 듯 보인다.

良將修之, 非利不動, 非得不用, 非危不戰. 主不可以怒而興師, 將不可以慍而致戰. 合於利而動, 不合於利而止. 怒可以復喜, 慍可以復悅. 亡國不可以復存, 死者不可以復生. 故明君愼之, 良將警之. 此安國全軍之道也.

13. 정보전 [用間]

― 첩보전에서 승리하는 자가 마지막 승자가 된다

「용간」(用間)은 손무가 여러 번 적을 아는 것을 승리의 전제 조건으로 삼은 만큼, 첩자 활용의 중요성과 다섯 종류의 첩자 이용 방법, 기밀 보전의 규율, 첩자의 임무, 특히 반간(反間)의 중요성에 대하여 논하고 있다. 『손자병법』의 전체 주제이며 앞의 12편에서 일관되게 주장했던 '지피지기'(知彼知己)의 사상을 이 편에서 마무리하여 1편의 주장을 구체적으로 완성하고 있다. 그리하여 '미리 이긴 다음에 싸움에 임하라'는 그의 가르침의 구체적인 모습을 볼 수 있다.

손무는 말하였다.

10만 명의 병사를 천 리 밖으로 출정시키려면, 백성과 나라가 부담해야 하는 전쟁 비용이 하루에 천 금[1]이 들어간다. 그리고 나라 안팎이 소란해지며, 군수물자의 수송에 동원된 백성들이 도로를 가득 메우고, 이 때문에 농사를 짓지 못하는 집이 70만 가구에 이르게 된다.[2] 이렇게 적대한 두 나라가 몇 년 동안을 서로 버티며 준비한 것은 오로지 하루 아침의 승리를 얻기 위함이다. 그런데도 벼슬과 금전이 아까워서 첩자를 쓰지 않고, 이 때문에 적의 정세를 제대로 파악하지 못하여 전쟁에서 패배하게 된다면, 이는 너무나 어리석은 처사이다. 군대의 장수가 이런 사람이라면 훌륭한 장수가 못될 뿐만 아니라 군주를 훌륭하게 보좌하지도 못하며, 싸움에서 승리하지도 못하게 된다.

총명한 군주와 유능한 장수는 일단 출병하면 반드시 승리하고, 남보다 뛰어난 공을 세운다. 그 까닭은 바로 미리 적의 정황을 정확하게 파악하고 있기 때문이다. 적의 정황은 귀신의 도움을 받거

---

1. 이 단락은 2편 「작전」에서 이미 소개된 바 있으며, 전면적인 전쟁의 어려움을 거듭 밝히고 첩자의 중요성을 강조하기 위하여 반복해서 말한 것으로 보인다.

2. 조조의 주석에 따르면, "고대에는 8가호(家戶)를 1린(隣)으로 편성한다. 그리고 그 가운데 1가호에서 병사가 출정하면 나머지 7가호가 그 가족의 생활을 책임지게 하였다. 그러므로 10만 군사가 출동하게 되면 70만 가호는 정상적인 농사를 지을 수 없게 된다"라고 하였다.

나, 장수의 지난 경험에 비추어 보고 추측할 것도 아니며,[3] 더욱이 별자리를 보고 점을 쳐서 알 수 있는 것도 아니다.[4] 적의 정황은 오직 그 정황을 아는 첩자를 통하여서만이 얻어질 수 있다.

孫子曰, 凡興師十萬, 出兵千里, 百姓之費, 公家之奉, 日費千金. 內外騷動, 怠於道路, 不得操事者, 七十萬家. 相守數年, 以爭一日之勝, 而愛爵祿百金, 不知敵之情者, 不仁之至也, 非人之將也, 非主之佐也, 非勝之主也. 故明君賢將, 所以動而勝人, 成功出於衆者, 先知也. 先知者, 不可取於鬼神, 不可象於事, 不可驗於度. 必取於人, 知敵之情者也.

첩자에는 '인간', '내간', '반간', '사간', '생간'의 다섯 종류가 있다.

---

3. 원문은 '불가상어사'(不可象於事)이다. 여기서 '상'은 비슷한 사례를 견주어 보거나 유비(類比) 추리를 한다는 뜻이다. 이 말은 장수가 지나간 자신의 개인적인 전투 경험에 모든 일을 견주어 보고 판단하는 것을 말한다. 앞의 귀신에게 물어보는 경우가 전혀 합리적이지 않다면, 이 경우 역시 주관적인 오류를 범하기 쉽다.

4. 원문은 '불가험어도'(不可驗於度)이다. 해, 달, 별이 운행하는 위치에 따라 점을 쳐서 길흉화복을 추측하는 행위를 말한다. '도'는 천상의 도수(度數), 즉 성좌의 위치를 말한다. 원문의 순서에 따르면 이 문장 다음에 있지만 내용의 흐름을 위해서 앞으로 옮겼다.

이 다섯 가지 첩자를 동시에 활용하되, 적이 이에 대하여 전혀 눈치채지 못하게 한다. 그래서 이를 '신비하여 불가사의한 실마리'라고 부르며 군주에게는 가장 소중한 보물이 된다.

'인간'[5]은 적국의 평범한 주민을 첩자로 이용하는 것이다.

'내간'[6]은 적국의 벼슬아치를 포섭하여 첩자로 이용하는 것이다.

'반간'[7]은 적의 간첩을 매수하거나 역이용하는 것이다.

'사간'[8]은 아군 첩자에게 거짓 일을 꾸며서 알게 하고, 적에게 넘어가서 허위정보를 흘리는 것이다.

---

5. '인간'(因間)은 '향간'(鄕間)이라고 표기된 판본도 있다. '향간'은 적지에 뿌리 내린 간첩을 뜻한다. 그러므로 『손자십가주』에서 가림(賈林)은 주석에서 "인간은 바로 향간이다"라고 했다. '인간'을 적국의 주민뿐만 아니라, 적국에 거주하는 본국 사람까지 포함시켜 확대 해석하기도 한다. 아무튼 적국에서 삶의 기반을 잡고 있는 자를 첩자로 활용하므로 의심받지 않고 자연스럽게 활동할 수 있다. 게다가 지형을 완벽하게 알고 있으므로 원정군의 길잡이로도 쓸 수 있는 첩자이다.

6. '내간'(內間)은 적대국의 벼슬아치를 쓰는 것으로 지위가 높을수록 정보 가치가 높아진다. 뇌물이나 미인계가 동원되는 가장 오래된 첩보술이다.

7. '반간'(反間)은 적의 첩자를 매수하여 역이용하거나 적의 첩자에게 허위 정보를 흘리는 방법이다. 그런데 앞의 경우는 이중간첩의 위험부담이 있다. 그러나 매우 효과가 뛰어난 방법이기도 하다.

8. '사간'(死間)은 죽음을 무릅쓰는 첩자이다. 대부분 죽임을 당한다는 점에서 공통점이 있다. 예를 들면, 반간이나 아군의 첩자 가운데 의심스러운 자에게 거짓 정보를 흘리고 그것이 드러나 죽임을 당하게 만드는 미끼가 되는 첩자, 적의 유능한 인재를 죽이기 위해서 그와 내통하고 있는 듯 꾸밀 때 희생양이 되는 첩자, 위장으로 평화교섭을 위해 파견되는 밀사 등이 여기에 해당된다.

'생간'[9]은 적국을 정탐한 뒤에 살아 돌아와서 정보를 보고하는 것이다.

그러므로 장수는 전군 가운데 가장 믿을 수 있는 심복을 첩자로 삼아야 한다. 그리고 첩자를 누구보다도 후대하여 주고, 첩자의 운용은 무엇보다도 비밀리에 해야 한다. 지혜롭고 뛰어난 재질을 갖추지 않으면 첩자로 쓸 수 없고, 도덕적 의지를 갖추지 않으면 첩자를 믿고 부릴 수 없으며, 세심하고 치밀하지 않으면 첩자로부터 참된 정보를 얻을 수 없다.

첩자란 참으로 미묘하도다! 전쟁에 첩자가 쓰이지 않는 곳은 없다. 그러나 첩자가 보고하기 전에 일이 미리 새어 나가면, 그 첩자는 물론이고 그와 관련된 일을 말한 자들은 모두 죽임을 당해야 한다.

故用間有伍, 有因間, 有內間, 有反間, 有死間, 有生間. 伍間俱起, 莫知其道, 是謂神紀, 人君之寶也. 因間者, 因其鄕人而用之, 內間者, 因其官人而用之. 反間者, 因其敵間而用之. 死間者, 爲誑事於外, 令吾間知之, 而傳於敵. 生間者, 反報也. 故三軍之事, 莫親於間, 賞莫厚於間, 事莫密於間. 非聖智不能用間, 非仁義不能使間, 非微妙不能得間之實. 微哉, 微

---

9. '생간'(生間)은 적진에 파견되어 직접 첩보 활동을 하다가 돌아가서 수집한 정보를 보고하는 첩자이다.

哉, 無所不用間也. 間事未發而先聞者, 間與所告者皆死.

　적의 부대를 공격하거나, 적의 성을 공략하거나, 적국의 요인을 제거하고자 할 때에는 반드시 미리 아군의 첩자를 시켜 대상 지역의 수비 장수, 보좌관, 심부름꾼, 문지기, 호위병의 이름이나 인적 사항까지 알아내도록 하여야 한다.

　그리고 적으로부터 침투한 간첩은 반드시 색출하여, 후한 뇌물로 매수하거나 두터운 대접으로 회유하여 전향시킨 다음에 적에게 돌려보낸다. 이렇게 해서 아군이 '반간'을 쓸 수 있게 되는 것이다.

　'반간'을 통하여 적국의 상황을 탐지할 수 있으므로, 적국에 '향간'과 '내간'을 확보할 수 있게 된다. 또한 '반간'을 통하여 아군의 정보가 적에게 전달되므로, '사간'을 적국에 침투시켜 허위 정보를 제공할 수 있게 되며, '반간'을 통하여 첩자간의 접선이 가능하므로, '생간'으로 하여금 기일 내에 필요한 정보를 수집하여 돌아가도록 할 수 있게 된다.

　이러한 다섯 종류의 첩자를 운용하는 일은 군주와 장수가 반드시 알고 있어야 한다. 첩자의 운용 중에서도 가장 중요한 것은 '반간'의 활용 방법이다. 그러므로 '반간'에 대해서는 어쩔 수 없이 후한 예우를 해야 한다.

　옛날 탕왕이 하나라를 멸망시키고 은나라를 일으킬 수 있었던

이윤(왼쪽)과 여아(오른쪽)

것은 하나라의 신하였던 이윤[10]을 기용하였기 때문이다. 무왕이 은나라를 멸망시키고 주나라를 일으킬 수 있었던 것도 은나라의 벼슬아치였던 여아[11]를 중용하였기 때문이다.

---

10. 기원전 17세기에 살았던 중국 고대 상(商, 盤庚이 殷으로 수도를 옮긴 다음에 殷 왕조로 부름)왕조의 신하이다. 이윤(伊尹)의 윤(尹)은 벼슬이름이며, 본명은 이지(伊摯)이다. 노예 출신이었지만 뛰어난 지혜를 가졌으므로 당시 하(夏)나 라 제후였던 성탕(成湯, 湯王)의 추천을 받아 벼슬길에 나아갔으나, 폭군 걸 왕(桀王)의 미움을 사서 다섯 차례나 쫓겨났다고 한다. 뒤에 성탕이 포악한 걸왕을 멸망시키고 상나라를 강대국으로 일으킬 때 재상이 되어 그를 보필 하여 큰 공을 세웠다. 성탕이 죽은 뒤 3대에 걸쳐 군주를 섬기면서 나라의 토 대를 공고히 다지고, 어리석은 군주인 태갑(太甲)을 폐위시켰다가 반성하자 다시 복위시키는 도량을 보여, 신하로서의 모범을 남긴 인물이다.

11. 여아(呂牙)는 주(周)나라의 건국 공신으로 보통 강태공(姜太公)이라고 알려진 인물이다. 본명은 여상(呂尙)이며 강상(姜尙), 강자아(姜子牙), 태공망(太公望) 이라고도 부른다. 기원전 11세기에 상(商)나라의 주왕(紂王)이 폭정을 일삼 자 벼슬을 버리고 위수(渭水)가에서 은거하면서 낚시질로 세월을 보내고 있 었다. 그 뒤 제후 서백(西伯, 文王)에게 발탁되어 그 아들 희발(姬發, 武王)이

그러므로 총명한 군주와 유능한 장수는 지략이 뛰어난 최고의
인재를 첩자로 활용하여 반드시 위대한 업적을 이룩할 수 있었다.
이렇게 첩자의 활용은 용병술에 있어서 가장 중요한 부분의 하나
이며, 전군의 행동 방침은 바로 첩자가 제공하는 정보에 의지하여
결정된다는 것을 잊어서는 안 된다.

凡軍之所欲擊, 城之所欲攻, 人之所欲殺, 必先知其守將左
右謁者門者舍人之姓名, 令吳間必索知之. 必索敵人之間來
間我者, 因而利之, 導而舍之, 故反間可得而用也. 因是而知
之, 故鄕間內間可得而使也. 因是而知之, 故死間爲誑事, 可
使告敵. 因是而知之, 故生間可使如期. 伍間之事, 主必知之,
知之必在於反間, 故反間不可不厚也.

昔殷之興也, 伊摯在夏. 周之興也, 呂牙在殷. 故惟明軍賢將,
能以上智爲間者, 必成大功, 此兵之要, 三軍之所恃而動也.

제후에 오르자, 이를 도와서 폭군 주왕을 멸망시키고 서주(西周)왕조를 건국
한 인물이다. 앞의 이윤이나 여아 모두 첩자는 아니었지만, 제각기 그 적대국
에서 벼슬아치로 있었고 또한 정세와 지리에 밝았다. 그러므로 일단 어진 군
주를 만나서 자신의 경험과 지식을 충분히 활용하여 공을 이룩하였다고 볼
수 있다. 그래서 손무가 반간의 예로 활용한 것이다.

14. 2,500년만에 부활한 새로운 손자

우리가 보는 13편의『손자병법』에 실리지 않고 없어진 판본이 있으리라는 추측은 끊임없이 제기되었다.『한서』「예문지」에는 '글 82권과 그림 9권'이 있다고 하였고,『신당서』(新唐書)「예문지」에 보면, 당나라 때에 여전히 많은『손자병법』의 부분이 있음을 알 수 있지만 거의 대부분 전하지 않는다.

그러나 당나라 때 두우(杜佑)의『통전』(通典)에는「산지전」(散地戰),「경지전」(輕地戰),「쟁지전」(爭地戰),「교지전」(交地戰),「구지전」(衢地戰),「중지전」(重地戰),「비지전」(圮地戰),「위지전」(圍地戰),「반위공여위공」(反圍攻與圍攻),「사지전」(死地戰),「산지전」(山地戰)의 11편이 실려 있고 내용이나 개념의 활용으로 보아『손자병법』과 일치한다. 그리고 죽간본에서 나온 글 가운데「견오왕」(見吳王),「오문」(吳問),「사변」(四變),「황제벌적제」(黃帝伐赤帝),「지형이」(地形二) 5편은 그 내용의 배경이나 역사시기 그리고 개념의 사용이『손자병법』과 일치한다. 이 책에서는『통전』에 실린 글은「구지」의 내용이 겹치는 부분이 많아 옮기지 않고, 죽간본의 5편은 처음으로 옮겨 보았다.

그러나 죽간의 순서에 대해서 일치된 의견이 없고, 판독이 되지 않은 글자나 파손된 부분이 있어서 전체의 대의가 제대로 해석되지 않는 부분이 많다.

(1) 오나라왕을 만나다 [見吳王]

이 편의 이름은 분명하게 나타나 있지 않다.
『한비자』「초견진」(初見秦, 처음 진나라왕을 만나다)을
참고로 명명하였다. 내용 자체는 『사기』의 「손자오기열전」과
『오월춘추』등에 큰 줄기가 다시 실려 있다.
그것들의 전거가 된 기록이라고 생각된다.
중간에 훼손된 부분은 『사기』등을 참조하여 메워 넣었다.

손무와 오나라왕의 첫 만남

오나라왕 합려가 손무에게 이렇게 말하였다.

"선생의 저서 13편은 대단히 알기 쉽고 내용도 훌륭한 것이군
요. 실로 듣기보다 뛰어난 것 같소. 그러니 시험적으로 보여주시겠
소?"

손무는 말하였다.

"저는 시험적으로 병법에 따라 어떠한 자라도 훈련시켜 군대를
만들 수 있습니다. 그러니 군주께서 바라신다면 귀족들로 군대를
만들 수 있고, 죄수들로 군대를 만들 수도 있으며, 여성들을 병사
로 훈련시킬 수도 있습니다. 남녀를 섞어서 (오른쪽을 남자로) 왼쪽
을 여자로 구성한 군대로도 만들 수 있습니다."

합려는 손무에게 부탁하였다.

"외인부대나 국군, 귀족이나 죄수의 군대 등은 벌써 갖추고 있소."

손무는 말하였다.

("그렇습니까?")

합려는 말하였다.

"나는[1] 여성으로 만든 군대를 보고 싶소."

손무는 말하였다.

"여성은 인내력이 부족합니다. 그러므로 저에게 (군주를) 대신할 수 있도록 (전권을) 맡겨 주신다면 무슨 후회가 있겠습니까? 그러시면 궁궐의 여자들을 훈련하여 (군대로 만들어 보이겠습니다.)"

(합려는 말하였다. "좋소.")

그러자 궁궐의 여자들 가운데서 뽑아서 좌우로 나누어 두 개

---

1. 원문은 '부곡'(不穀)인데 천자가 스스로를 겸손하게 표현한 말이다. 은작산(銀雀山) 죽간에 실린 원문의 '부곡'(不穀)이라는 표현은, 천자였던 주(周)나라왕이 상대에 대하여 자신을 겸손하게 낮추어 부르는 뜻를 나타내는 호칭이다. 본문의 경우는 제후인 오나라왕 합려가 주나라왕이나 강대국 초(楚)나라왕의 흉내를 낸 것으로 예법에 맞지 않은 어법인 셈이다. 이 말이 나오게 된 고사는 다음과 같다. 『좌전』(左傳) 「희공(僖公) 24년」에 주나라 양왕(襄王)이 동생인 태숙대(太叔帶)에게서 공격을 받아, 정나라로 도망갔다. 그때에 노(魯)나라 희공(僖公)에게 이렇게 말하였다. "내가 덕이 없어서 어머니가 사랑하신 동생 태숙대에게 습격을 당하여, 정나라의 범읍에까지 도망쳐와서 숙부인 노공(魯公)에게 고합니다"[不穀不德, 得罪於母弟之寵子帶, 鄙在鄭地氾, 敢告叔父] 그리고 "천자가 흉한 일을 당하였을 때, 겸손하게 스스로를 부르는 것이 예법이다"[天子凶服降名, 禮也]라고 하였다. 천자도 아닌 일개 제후 신분인 합려의 야심이 이 말 속에 드러나 있다.

의 진형을 만들었다. (그 속에서 두 사람을 골라서 지휘관으로 임명하였다.)

손무는 말하였다.

"(궁녀일망정 무기를 손에 들면 한 사람의 병사이니 엄격해야 합니다.) 저는 (이제부터 나가서 훈련을 시켜야 합니다만,) 아직 진형도 갖춰지지 않았으므로 볼 만한 것이 없습니다. 군주께서는 궁전 위에서 기다려 주십시오. 확실히 진형이 갖춰질 때가 되면, 명령에 따라 (물 속이든 불 속이든) 거리낌없이 돌격하는 (진짜 군대가 될 것입니다.)"

오나라왕이 말하였다.

"좋소."

……〔十〕三扁(篇)所明道言功也, 誠將聞□……□而試之□得□……〔孫〕子曰, "古(姑)試之, 得而用之, 無不□……□孫子曰, "唯君王之所欲, 以貴者可也, 賤者可也, 婦人可也. 試男於右, 試女於左, □□□□……□□□之孫子曰, "外內貴賤得矣." 孫……曰, "不穀愿以婦人." 孫子曰, "婦人多所不忍, 臣請代……畏, 有何悔乎?"……孫子曰, "然則請得宮□□……之國左后璽囿之中, 認爲二陳(陣)□□……□曰, "陳(陣)未成, 不足見也. 及已成……□也. 君王居臺上而侍(待)之. 臣……□至日中請令……陳(陣)已成矣, □□聽……□□不□不難." 君曰, "若(諾)."

벌은 지휘관으로부터, 상은 말단에서부터 시작하라

손무는 제나라부터 함께 온 마부를 임시 감독관[2]에 임명하고, 시종을 군법무관[3]에 임명하였다. 그리고 주위에 잘 들리게 마부와 시종에게 이렇게 말하였다.

"(지금 나는 군주로부터 정식으로 임명을 받아, 이 여성들을 지휘하는 장수에 임명되었다. 임명된 이상 군주의 대리자로서 전권을 행사한다. 병법에서는 형벌은 평등히 집행해야 한다고 하는 규정이 있다. 신분이 아무리 높은 인물이라도 거리낌없이 처형한다면, 군법의 권위는 전군 구석구석까지 널리 확립되게 된다. 지휘관이 엄격한 자세로 임하면, 3만 명이 넘는 군대에서도, 장군의 신상필벌의 관념이 널리 퍼져, 명령자에 대하는 권위와 외경심도 거기에서 발생하는 것이다.) 여기서 혹시 명령을 내렸는데도 복종하지 않는 사람이나 말하는 것을 따르지 않는 병사가 있다면 목을 베어 군법을 집행한다!"

---

2. 마부는 원문이 '참승'(參乘)인데 마차에 함께 타는 마부나 동승자를 가리킨다. 감독관의 원문은 '사마'(司馬)이다. 주나라 때에는 주로 군대의 지휘를 담당한 중간 계급의 장수를 뜻하였다. 그러다가 한(漢)나라 때에는 삼공(三公) 가운데 하나가 되었다.

3. 시종의 원문이 '배승'(陪乘)은 웃어른을 모시고 수레에 같이 다니는 사람으로 오늘날의 비서 역할을 뜻한다. 그리고 군법무관의 원문은 '사공'(司空)이다. 이는 벼슬이름으로 주나라 때에는 토지나 민정(民情)에 관련된 일을 담당하였고, 한나라 때에는 삼공의 하나였다. 본문에서는 군대의 여러 일을 감독하고 처벌하는 일을 담당한 직위를 뜻하는 것으로 보았다.

(손무는 지휘봉을 손에 잡고 북을 들어올리고, 궁녀들에게 크게 말하였다.)

"내가 '오른쪽'이라고 하면, 오른손을 알겠느냐?"

궁녀들은 대답하였다. "압니다."

"내가 '왼쪽'이라고 하면, 왼손을 알겠느냐?"

"압니다."

"내가 '가슴'이라고 하면, 가슴을 알겠느냐?"

"압니다."

"내가 '등'이라고 하면, 등을 알겠느냐?"

"압니다."[4]

"내가 '오른쪽'이라고 말하면, 자네들은 얼굴을 오른쪽 아래를 향하여 오른손을 주목하라. 내가 '왼쪽'이라고 말하면, 자네들은 얼굴을 왼쪽 밑을 향하여 왼손을 주목하라. '앞'이라고 말하면, 얼굴을 바로 아래에 향하여 가슴에 주목하라. '뒤'라고 말하면, 등뒤를 향하라. 나의 명령에 따르지 않는 사람은 반드시 형벌에 처하여 목을 베겠다. 이 연습은 일곱 번을 거듭하고, 쉰다. 이 북을 두드리

---

4. 이처럼 단순한 명령을 친절하고 자상하게 반복하고 있는 것은, 손무가 제(齊)나라 사람으로 외국인이었으므로, 오나라 궁녀들에게 자기가 한 말이 분명히 전해지는지를 걱정하여 배려한 것이다. 이는 외국인교사가 처음으로 교단에 섰을 때, 발음의 문제를 걱정하여, 내가 말하고 있는 것을 아느냐고 몇 번이나 학생들에게 확인하는 것 같은 풍경이다. 그런데 이는 군대의 '명령과 처벌의 관계'에서 보면, 명령의 내용을 명확하고 완전히 숙지시키기 전에는 함부로 처벌해서는 안 된다는 점을 보여주고 있는 것이다.

면 앞으로 나오너라. (꽹과리를 두드리면 그 자리에 앉아라.)"

이와 같은 명령을 세 번 거듭해서 알려주고, 최후에 다섯 번 암송시켰다. 그런 다음에 북을 울려서 전진하게 하였으나, 궁녀들은 일제히 대열을 흐트러뜨리고 깔깔거렸다. 그래서 꽹과리를 울려서 자리에 앉게 한 다음에 다시 세 번 거듭해서 알려주고 다섯 번 복창하게 하고는 북을 울려 전진하게 하였지만 궁녀들은 여전히 대열을 흐트러뜨리고 깔깔거렸다. 그리고는 또 명령을 세 번 반복하고 복창시키고, 다섯 번 암송시키기를 세 번하였지만 궁녀들은 조금도 명령을 따를 기색조차 없었다.

손무는 감독관과 군법무관을 부르고, 주위에 들리도록 말하였다.

"병법에 이런 말이 있다. 명령이 병사들에게 빈틈없이 들리지 않는 경우가 있다면, 그것은 지도자인 군주와 장수의 죄이다. 그러나 명령을 빈틈없이 알려주고 확인시킨 뒤에도 들리지 않은 체로 버티고 있다면, 이것은 명령에 대한 반역이고 두 지휘관의 죄이다.

또한 병법에는 이런 말이 있다. 상을 주어 칭찬하는 것은 신분이 낮은 졸병으로부터 시작하며, (형벌은 신분이 높은 지휘관으로부터 시작한다고 하였다."[5]

---

5. 손무는 군법의 엄함을 보여주려 하고 있다. 고대로부터 병가에서는 "작은 죄라도 반드시 목을 베어 군법을 유지하라"는 금언이 있다. 『손자병법』보다 앞선다고 전해지는 『사마법』(司馬法)의 「정작」(定爵)에서도 "작은 죄라도 바로 죽인다. 작은 죄가 이기면, 큰 죄가 뒤따른다"[小罪乃殺, 小罪勝, 大罪因]라고 하였다. 아마 이를 지은 사마양저(司馬穰苴)의 병법을 인용한 듯 보인다.

그리고는 지휘관인 두 후궁의 목을 베겠다고 하였다. 그 두 사람은 오나라왕이 가장 사랑하는 미녀들이었다.)

孫子以其御爲……參乘爲興司空, 告其御參乘曰, “……人生也, 若夫發令而從不聽者誅□□……□不從令者也.”……□婦人而告之曰, “知女(汝)右手?’……之.” “知女(汝)心?” “知之.” “知女(汝)北(背)?” 曰, “知之.”……”……左手. 胃(謂)女(汝)前, 從女(汝)心. 胃(謂)女(汝)……人生也, 若夫發令而從不聽者誅□□……□不從令者也. 七周而澤(釋)之, 鼓而前之……” 〔三告而〕伍申之, 鼓而前之, 婦人亂而〔□□□〕金而坐之, 有(又)三告而伍申之, 鼓而前之, 婦人亂而笑. 三告而伍申者三矣, 而令獻(猶)不行. 孫子乃召其司馬與興司空而告之曰, “兵法曰, 弗令費聞, 君將之罪也. 已令已申, 卒長罪也. 兵法曰, 賞善始賤, 罰……”

출전하게 되면 군주의 명령이라도 받아들이지 않는다

(합려는 손무의 말에 따라 궁전에 오르고 있었지만, 궁전에서 나가지 않고 멀리서 궁녀들을 살펴보고 있었다. 그런데 자기가 가장 사랑하는 미녀가, 막 목이 베어질 지경에 처해 있었다. 합려는 깜짝 놀라, 아래쪽으로 사신을 보내어 말을 전하였다.

"나는 이 여자들이 없으면, 밥을 먹어도 좋은 맛인지 모를 것이오.) 제발 부탁이니, 목을 베는 일만은 말아 주시오."

손무가 말하였다.

"저는 군주에게서 (정식으로 임명을 받아 장군이 된 몸입니다. 그리고 여기는 저의 군대이고, 나의 전쟁터입니다. 장군이 군대에 있거나 전쟁터에 있을 때에는 군주의 명령이라고 하더라도 받아들이지 않는 경우가 있습니다. 사신의 명령은 받아들일 수 없습니다."

그 즉시 처형을 집행하여 두 미녀의 목을 베어 버렸다. 그리고 대신 다른 후궁을 골라서, 같은 지휘관에 임명하였다. 이제 다시 북을 울리니, 이번에는 궁녀들이 명령에 따라 정확히 움직였다.) 전진시키고 나서 돌아가게 하니, 마치 콤파스로 잰 것처럼 정확히 회전하였다. 그런 다음에 정면을 향하여 전진시키다가 진로를 꺾게 하면, 마치 직각자를 댄 것처럼 정확히 직각방향으로 꺾어서 진행하였다.

(전진시켜서 큰 걸음으로 걷게 하더라도 대열은 먹줄을 띄운 것처럼 곧고 흐트러지는 일이 없었으며, 작은 걸음으로 가게 하더라도 대열은 한치 한푼도 흐트러지지 않았다.

합려가 시험해 보았다.)

손무는 그 자리에 무릎을 꿇고 두 번 절하고 나서 일어나서 말하였다.

"이것으로서 군사의 기본은 충분히 가르쳤습니다. (이미 궁녀들은 군대의 병사로서 명령에 따라서, 훌륭히 정렬하고 있습니다. 이것이야말로 군대입니다.) 이와 같이 교련하여 뛰어난 사람이 뒤떨어진 사람을 가르치고, 잘 아는 사람이 이해하지 못하는 사람을 가르치면, 자연스럽게 전체의 수준이 올라갑니다. 바로 지도자가 언제나 확실하게 원리원칙이 정해진 명령에 주의하면, 자연스럽게 병사들이 교육되는 것입니다. 이것이야말로 교육의 본질이고, 장수의 본래 임무입니다.

백성은 (언제나 지도자에게 주목하여, 그 영향력에 의해서 향상됩니다.) 그러니 위엄보다 소중한 것이 없습니다. 위엄이 병사들에게 확고하게 자리잡고 있고, 엄한 군기가 지휘관들에게서 확고하다면, 전군은 그 장수의 위엄을 믿고 적과 싸울 수 있게 됩니다. (그러니 장수가 결의하면 어떤 전쟁이라도 이길 수 없는 일은 없습니다. 더욱이 백성이 진심으로 장수를 따른다면, 천하라도) 손 안에 넣을 수 있습니다. 만약 나의 13편의 병법을 실행한다면, (단지 초나라와 월나라를 이기는 정도에서 그치지 않을 것입니다."

이렇게 손무가 설득하는데도 합려는 기분을 바꾸지 않았고, 감정이 풀리지 않는 모양이었다.

장군 오자서가 말하였다.

"부탁이니 손무 장군께서는 군주에게 사죄하여 주십시오."

손무는 말하였다.

"군주는 무엇을 걱정하십니까? 또는 나라의 큰일을 내팽개쳐 두고, 두 개의 목만을 아까워하고 후회를 하십니까?"

합려는 말하였다.

"손무 장군은 물러가 계셨으면 좋겠소. 숙소에서 주무시지요.")

……□請謝之." 孫子曰, "君□……." 引而員(圓)之, 員(圓)
中規. 引而方之, 方中巨(矩).……孫子再拜而起曰, "道得
矣.……□□□長遠近習此教也, 以爲恒令. 此素教也, 將之
道也. 民……□莫貴於威. 威行於衆, 嚴行於吏, 三軍信其將
畏(威)者, 乘其適(敵). 千□十伍.……而用之, □□□得矣.
若□十三扁(篇)所…….

전쟁은 군주의 '놀이'가 아니다

　그로부터 오나라왕 합려는 6일 동안 소식도 없이 (손무를 연금 상
태에 두었다. 7일째가 되었을 때에) 손무의 숙소를 방문하여 이렇게
말하였다.

　"나는 전쟁을 좋아하오. 나에게 있어서 전쟁은 (여자보다 좋은 것
이오. 장군은 전날의 일로 기분이 나빴을지 모르겠지만, 우리 전군의 고
문이 되어주시지 않겠소?)"

　손무가 말하였다.

　"(군주께서는 전쟁을 '좋아한다'고 하셨습니까? 지금 군주께서는 '나
에게 있어서 전쟁은 좋은 것'이라고 말씀하셨습니다. 초나라나 월나라
등의 적국이 전쟁을 즐기는 것은 오나라보다도 지독한 점이 있습니다.)

　전쟁이라는 것은 예리한 무기와 같은 것으로, (잘못 쓰면 큰일이
일어나게 됩니다.) 그저 '좋아서' 전쟁을 일으켜서는 안 됩니다.

또한 군대는 ('무'자[6]입니다. 전쟁을 막아서 평화와 안전을 가져다 주
는 것으로,) 놀기 위해서 일으키는 것이 아닙니다. 혹시 군주께서
'좋아서'나 '놀기 위해서'[7] 쓰일 병법을 물으신다면, 저 같은 외국
인은 감히 상대해 드릴 말이 없습니다."

그러자 합려가 말하였다.

"나는 지금까지 참된 병법에 대해서 들은 일이 없었소. (그저 '좋

---

6. '무'(武)자는 '창 과(戈)'자와 '멈출 지(止)'자가 합쳐져서 만든 글자라는 뜻이
   다. 결국 군대란 전쟁을 일으키는 도구가 아니라, 전쟁을 그치게 하는 데에
   목적이 있다는 말이다. 문맥에 따라 보충해 넣은 것이다.

7. 원문에 보이는 '호'(好)와 '희'(戲)는 손무가 합려의 전쟁관을 경고할 때 지적
   한 용어이다. 전쟁이란 결코 개인의 좋고 나쁨에 따라 할 것이 못되며, 단지
   놀이로 즐길 것도 아니라는 지적을 하고 있다. 손무가 이 두 개념에 반대 개
   념으로 쓴 '무'(武) 개념은 고대 병법가의 관념을 잘 보여주는 개념이다. "전
   쟁이란 전쟁을 멈추기 위해서 하는 불가피한 행동(武)이지, 오락(戲)이 아니
   다"라는 말로 요약할 수 있다. 이 '무'(武)는 "평화를 지키는 군사력"이라고
   말한다. 『좌전』「선공(宣公) 12년」에 보면 기원전 597년에 초나라 장왕(莊王)
   의 말에 위와 같은 말이 나온다. "애당초 '무'(武)라는 글자는 '창을 멈춘다'는
   말을 합쳐서 쓴 것이다"(夫文, 止戈爲武) 그런데 '희'(戲, 원래 글자는 戲이다)라
   는 글자는 '과'(戈, 창같은 무기)를 가지고, '호'(虍, 호랑이 가죽)를 뒤집어쓰고,
   '두'(豆, 제기 또는 제사상) 앞에서 사냥을 흉내 낸 무용을 하는 것이다. 여기서
   는 여자 무희가 춤을 추고 음악을 연주하는 것을 뜻한다. 원래 글자 뜻으로
   는 모두 창을 가지고 하는 행위이지만 '무'와 '희'는 실제 전투와 오락이라는
   커다란 차이점을 보인다. 그런데 오나라왕이 여성에게 군사훈련을 해보라고
   한 것은 그저 호기심 때문이었던 '희'의 행동이었다. 그러나 손무는 "비슷하
   지만 진짜가 아니다"라고 하여 '무'와 '희'를 대비시켜 실행에 옮겼다. 그리
   하여 병법이란 무용을 가르치는 일이 아니며, 백 번 북을 두드려 보는 정도에
   서 끝나지 않는다고 하면서 후궁 두 사람을 희생의 제물로 바친 것을 정당화
   하였다.

아서'나 '놀기 위해서' 쓰일 병법을 물을 생각은 털끝만큼도 없소.) 그리고 예리한 병기를 함부로 쓸 생각도 하지 않겠소. (요전번의 일은 장군이 나에게 병법의 진수를 가르쳐 준 것으로 생각하고 있소. 나라를 위해서 여색도 멀리할 작정이오.) 제발 나에게 병법에 대해서 가르쳐 줄 수 없겠소?"

이렇게 하여 드디어 식사를 끝낼 때까지 하루종일 병법을 배우고 강의를 들었다. 그리고 합려는 손무에게 부탁하였다.

"(병법의 대략은 잘 알았습니다). 제발 손무 장군은 우리나라의 정치개혁에도 조언을 해주시오."

蓋(闔)廬六日不自□□□□□……□□□□……□於孫子之館, 曰, "不穀好……兵者與(歟)?" 孫……乎? 不穀之好兵□□□□之□□□也, 適之好之也." 孫子曰, "兵, 利也, 非好也. 兵, □〔也〕, □作戱也. 君王以好與戱問之, 外臣不敢對." 蓋(闔)廬曰, "不穀未聞道也, 不敢趣之利與……□不穀請學之." 爲終食而□……將軍□不穀不敢不□……□也. "請合之於□□□之於……者□□也." 孫子……孫子曰, □……孫子……

(2) 오나라왕이 묻다 [吳問]

이 편의 맨 앞의 은작산 죽간 뒷면에 「오문」(鳴問)이라고
쓰여 있어서, 그대로 편 이름으로 사용하였다.
13편 밖의 편 가운데 하나로서, 오나라왕과 손무의 대화를
보충한 것으로 생각된다. 이 편에 실린 내용은
매우 새로운 역사 사실이며 손무의 군사뿐만 아니라
정치 경제를 바라보는 관점이 잘 드러나고 있다.

오래도록 살아 남는 정권의 조건

오나라왕 합려가 손무에게 물었다.

"진나라는 범씨, 지씨, 중항씨, 한씨, 위씨, 조씨의 여섯 집안[8]의
우두머리가 장군을 겸임하며 땅과 권력을 나눠 갖고 있소. 이 여섯
장군 가운데 누가 멸망하고, 누가 굳게 지키며 살아 남겠소?"

손무는 말하였다.

---

8. 진(晉)나라는 춘추시대의 강국이고 땅도 넓었으나, 범씨(范氏), 지씨(智氏),
   중항씨(中行氏), 한씨(韓氏), 위씨(魏氏), 조씨(趙氏)의 여섯 집안에 의해서 분
   할되었다.

"범씨[9]와 중항씨[10]가 먼저 멸망합니다."

합려가 말하였다.

"그 다음에 멸망하는 집안은 어디인가?"

"지씨[11]가 그 다음에 멸망합니다."

"그러면 그 다음에 멸망하는 집안은 어디인가?"

"한씨와 위씨가 그 다음입니다.[12] 조씨[13]는 겸손하여 전통이나 관습을 중요하게 여기고, 군자를 잘 등용하였습니다. 그러니까 진나라는 조씨의 정권으로 돌아갔습니다."[14]

---

9. 당시 범씨 가운데 우두머리는 범앙(范鞅)이었는데, 그는 탐욕스럽고 다른 나라에 뇌물을 강요하였다고 한다.

10. 중항씨 가운데 우두머리는 중항인(中行寅)이었는데, 소송을 하거나 가혹한 형벌 내리기를 매우 좋아하는 인물이었다.

11. 기씨(祁氏)와 양설씨(羊舌氏)를 공격하여 멸망시킨 순력(荀礫)이 지씨 집안에 속해 있었다.

12. 한씨 집안의 한기(韓起)와 위씨 집안의 위서(魏舒)는 앞의 범앙과 똑같이 탐욕스럽고, 순력과 똑같이 횡포한 인물이다.

13. 조씨의 우두머리는 조앙(趙鞅)으로 덕으로 다스리는 인물이다.

14. 위의 내용과 비슷한 내용이 다음에도 실려 있다. 유향(劉向)이 지은 『신서』(新序) 「잡사」(雜事)에 "조문자 조무가 숙향 양설반에게 물었다. '진나라의 여섯 장군 가운데 어느 집안이 가장 먼저 망할까?' 숙향이 대답하였다. '제일 큰 중항씨일 것입니다.' 조문자가 물었다. '무엇 때문에 그렇게 되는가?' 숙향이 대답하였다. '중항씨의 정치하는 모습을 보면 이렇습니다. 백성을 가혹하게 괴롭히는 것을 백성의 실정을 잘 살피는 사람이라고 칭찬하고, 숫자를 고치고 속여서 보고하는 사람을 현명하다고 평가합니다. 또한 벼슬자리를 사사롭게 자기 것으로 하여 횡령하고 뇌물을 받는 사람이 충성한다고 믿는 모양입니다. 꾀가 많고 성실하지 않은 사람을 착하다고 생각하고, 백성을 지나치

闔王問孫子曰, "六將軍分守晉國之地, 孰先亡? 孰固成?"
孫子曰, "范中行是(氏)先亡." "孰爲之次?" "智是(氏)爲次."
"孰爲之次?" "韓巍(魏)爲次. 趙毋失其故法, 晉國歸焉."

패자의 좌절을 초래하는 요소

합려는 말하였다.
"그 이유를 더 자세히 듣고 싶소."
손무는 말하였다.

게 착취하는 행동을 능력이 뛰어나다고 평가합니다. 비유하자면 가죽자루를
풍선처럼 빵빵하게 불어넣은 상태입니다. 지금의 권력이나 땅덩어리가 크
기는 크지만, 일단 터지면 끝장입니다. 그러므로 먼저 망한다고 말한 것입니
다.'"〔趙文子問於叔向曰, '六將軍孰先亡乎'. 對曰, '中行氏乎'. 文子曰, '何故先亡'.
對曰, '中行氏之爲政也, 以苛爲察, 以欺爲明, 以刻爲忠, 以計多爲善, 以聚斂爲良,
譬之其猶帶革者也, 大則大也, 裂之道也, 當先亡.'〕
그런데 숙향이 죽은 뒤에『좌전』「소공(昭公) 28년」(기원전 514년)에 양설씨는
진나라의 내란에 휘말려 멸망하였다. 이 해가 바로 합려가 오나라왕에 즉위
한 원년이다. 합려와 손무는 그야말로 당시 최신의 시사 문제에 관해서 상담
하고 있었던 것이다. 숙향은 현인이었지만, 그의 처는 신공무신(申公巫臣)의
양녀로 절세의 미녀였다. 그런데 숙향의 어머니는 "너무 지나치게 아름다운
여자는 반드시 마음씀이 매우 나쁘다"〔甚美必有甚惡〕라는 이유로 결혼에 반
대하였다. 게다가 맏아들이 갓 태어나 터트린 첫울음 소리를 듣고 "마치 승
냥이나 이리 소리 같구나! 이리처럼 거친 마음을 갖은 난폭한 인간이겠구나.
이 아이 때문에 양설씨 가문도 멸망하겠구나"〔是豺狼之聲也, 狼者野心, 非是莫
喪羊舌氏矣〕라고 불길한 예언을 하였는데, 그대로 되었다.

"예. 범씨나 중항씨는 진나라의 관습법을 멋대로 바꿔서, 가로폭 80보 세로폭 160보의 땅을 백성들에게 나눠 주어, 거기에서 나오는 수확의 반을 사사로운 세금으로 빼앗았습니다. 이렇게 백성들에게 나눠 준 땅이 좁은데도 농사일에 투입되지 않는 사병들을 많이 기르고 있습니다.

이 무거운 세금으로 범씨와 중항씨에게는 분에 넘치는 재산이 쌓였고, 그 기세로 많은 수의 사병을 거느렸습니다. 그 군사력으로 권력을 유지하고 있으니까 군주는 마구 뽐내며 교만하고, 사병은 사치하고 난폭하였습니다. 그래서 조금이라도 영지를 늘리려고, 여기저기서 전쟁을 일삼았습니다. 그러니 그 다음에 멸망할 것입니다.

(지씨도 진나라의 관습법을 멋대로 바꿔서, 가로폭 90보 세로폭 180보의 땅을 백성들에게 나눠 주어, 거기에서 나오는 수확의 반을 사사로운 세금으로 빼앗았습니다. 이렇게 백성들에게 나눠 준 땅이 좁은데도 농사일에 투입되지 않는 사병들을 많이 기르고 있습니다.

이 무거운 세금으로 지씨에게는 분에 넘치는 재산이 쌓였고, 그 기세로 많은 수의 사병을 거느렸습니다. 그 군사력으로 권력을 유지하고 있으니까 군주는 마구 뽐내며 교만하고, 사병은 사치하고 난폭하였습니다. 그래서 조금이라도 영지를 늘리려고, 여기저기서 전쟁을 일삼았습니다. 그러니 그 다음에 멸망할 것입니다.)

한씨와 위씨는 가로폭 100보 세로폭 200보의 땅을 백성들에게 나눠 주어, 거기에서 나오는 수확의 반을 사사로운 세금으로 빼앗았습니다. 이렇게 백성들에게 나눠 준 땅이 좁은데도 농사일에 투입되지 않는 사병들을 많이 기르고 있습니다.

이 무거운 세금으로 지씨에게는 분에 넘치는 재산이 쌓였고, 그 기세로 많은 수의 사병을 거느렸습니다. 그 군사력으로 권력을 유지하고 있으니까 군주는 마구 뽐내며 교만하고, 사병은 사치하고 난폭하였습니다. 그래서 조금이라도 영지를 늘리려고, 여기저기서 전쟁을 일삼았습니다. 그러니 그 다음에 멸망할 것입니다.

嗚王曰, "其說可得聞乎?" 孫子曰, "可. 范中行是(氏)制田, 以八十步爲婉(畹), 二百六十步爲畝(畝), 而伍稅之. 其□田陝, 置士多, 伍稅之, 公家富. 公家富, 置士多. 主喬(驕)臣奢, 冀功數戰, 故曰先[亡]. 公家富, 置士多. 主喬(驕)臣奢, 冀功數戰, 故爲范中行是(氏)次. 韓巍(魏)制田, 以百步爲婉(畹), 以二百步爲畝(畝), 而伍稅[之]. 其口田陝(狹), 其置士多. 伍稅之, 公家富. 公家富, 置士多. 主喬(驕)臣奢, 冀功數戰, 故爲智是(氏)次.

정치란 백성들의 뜻과 함께 하는 것이다

조씨는 백성들에게 배당한 땅이 가로폭은 120보이고 세로폭은 240보로 여섯 집안 가운데에서 가장 넓습니다. (이것은 진나라의 관습법과 같습니다.) 더구나 조씨는 백성으로부터 사사롭게 세금을 빼앗지 않습니다.

조씨 가문은 가난하고, 사병의 수도 적은데 그 대부분은 보통 때에 농사를 짓고 있습니다. 이와 같이 군주가 검소하다면, 부하들도 신중하게 됩니다. 그렇게 하면 백성은 부유해지고, 조씨는 다른 다섯 집안보다도 부유하게 되었습니다. 따라서 진나라는 조씨 가문만이 굳게 살아 남아, 진나라의 정권을 짊어지게 됩니다."

그러자 오나라왕이 말하였다.

"좋소. (패도가 아닌) 왕도를 걷는 왕의 길이란 백성을 첫째로 생각하고, 백성들에게 널리 사랑을 쏟으며 백성을 존중한다는 것이로군요."[15]

---

15. 이 조씨의 정책은 손무의 동족인 제나라의 진걸(陳乞, 田釐子)이 자기 영지의 백성들에게 몰래 우대 정책을 실시하여, 백성을 매수하였다고 하는 고사에서 유래한다. 그 이야기는 『좌전』 「소공(昭公) 26년」(기원전 516년)에 실린 안자(晏子)의 말에 있다. "진씨라는 사람은 별로 위대한 인격자라고 할 만한 큰 인물은 아닙니다. 그러나 노력하여 백성들에게 자선을 베풀고 있고, 일부러 두두(豆斗), 구승(區升), 부량(釜量), 종량(鐘兩)과 같은 도량형기의 단위를 바꿨습니다. 그리고 백성으로부터 조세를 거둘 때는 작은 되를 사용하여 낮추고, 백성에게 빌려 줄 때에는 커다란 되를 써서 벼를 덤으로 주었습니다. 공이 세금을 무겁게 거두라고 명령하더라도, 진씨는 그렇게 백성으로부터 징수하는 일이 없었습니다. 오히려 많이 나눠 주며 자선을 베풀었으므로 백성은 진씨에게 마음에 두었습니다. 『시경』 「소아·거견」에 이런 구절이 있습니다. '비록 큰 덕은 없지만 당신과 노래부르며 춤추고 즐거워하네.' 진씨의 자선으로 백성들은 노래부르고 춤추며 기뻐하고 있습니다. 어쩌면 공의 자손 가운데 조금이라도 뒤떨어지고 게으른 자가 군주가 되고, 진씨가 저대로 망

趙是(氏)制田, 以百廿步爲婉(畹), 以二百卅步爲昀(畝), 公
無稅焉. 公家貧, 其置士少, 主斂臣收, 以御富民, 故曰固國.
晉國歸焉."嗚王曰, "善. 王者之道, □□厚愛其民者也."

하지 않고 있다면, 제나라는 반드시 진씨의 것이 되고 말 것입니다."〔陳氏雖
無大德, 而有施於民, 豆區釜鐘之數, 其取之公也薄, 其施之民也厚, 公厚斂焉, 陳氏
厚施焉, 民歸之矣, 詩曰, '雖無德, 與汝式歌且舞', 陳氏之施, 民歌舞之矣, 後世若少
惰, 陳氏而不亡, 則國其國也已.〕 아마도 당시의 야심 많은 패자들이 백성의 마
음을 얻기 위해 자주 사용한 방법인 듯하다. 손무의 입장에서는 비록 그러한
방법으로라도 백성을 따르는 정치가 이루어지기를 바란 듯하다. 그러나 정
치가인 안자의 시각이 이렇게 부정적이었으니, 물론 공자도 역시 매우 비판
적인 태도였음은 분명하다.

(3) 네 가지 변화 [四變]

이 편의 이름도 분명히 나와 있지 않아 여러가지 설이 분분하였다.
본편의 은작산 죽간 가운데 '사변'(四變)이라는 단어가 있다.
13편 이외의 편으로 내용상 8편 「구변」(九變)의 일부를
보충한 것으로 생각되지만, 이것을 근거로 '구변'을 '사변'으로
보는 설은 옳지 않다. 이 편의 끝 부분은 확정되어 있지 않고,
이 「사변」을 한 구절씩 끊어서 보면, 나머지 '오변'에 관해서
보충한 죽간이 존재할 가능성도 있다.
그러나 첫 구절에서 '사변'을 셀 때 "군주의 명령일지라도
실행되지 않는 것이 있다"[君令有所不行]를 하나의 '변'으로
세지 않은 것은 그것을 근거로 숫자를 뽑는 설이 잘못되었음을 보여준다.

전쟁에서 해서는 안 될 조건이 있다

손무는 이렇게 말하였다.

내가 전에 (병법의 원칙에 길 가운데에서 다녀서는 안 되는 길이 있
고, 공격 대상 가운데 공격해서는 안 되는 적군이 있고,) 성에도 공략해
서는 안 되는 성이 있으며, 어떤 전략 지점 가운데에서도 쟁탈해서
는 안 되는 지점이 있고 군주의 명령일지라도 실행되지 않는 명령
도 있을 수 있다고 했습니다.

……〔徐(途)有所不由, 軍有所不擊〕, 城有所不攻, 地有所不爭, 君令有〔所不行〕.

공격로로 사용해서는 안 되는 길

길 중에서 다녀서는 안 되는 길이 있다는 말은 이런 경우입니다.

적국의 국경을 넘어서 아직 깊이 침공하지 못하였을 때는 사전에 준비한 적국 안의 지형, 교통, 방어 거점 등의 정보가 정확하지 않아서 장래의 전술 전개가 미덥지 않은 경우입니다.

또는 국경 너머 깊숙이 침공하여 후방에서 식량과 물자의 보급 수송선이 길어져서 잘되지 않고, 적군의 집중적인 유격전 때문에 보급선이 끊어진 경우입니다.

(이와 같은 경우에 이동하려고 하면, 불리한 조건이 겹쳐서 싸움에 질 가능성이 커집니다. 지도자가 결단하여 미리 멈추지 않으면, 적군이 앞뒤에서 대거 공격하여, 통로의 가운데에서 포위되어 전멸하게 됩니다.)

이와 같은 통로는 공격로로서 선택해서는 안 됩니다. (이쪽이 충분히 세밀한 정보를 잡고 있고, 적이 전혀 상상도 할 수 없는 길이야말로 침공이나 보급에 알맞은 통로인 것입니다.)

徐(途)有所不由者, 曰, 淺入則前事不信, 深入則後利不椄 (接). 動則不利, 立則囚. 如此者, 弗由也.

공격해서는 안 되는 적군

공격 대상 가운데 공격해서는 안 되는 적군이 있다라는 말은 이런 경우입니다.

적과 아군이 맞붙어서 대치하면서 결정적인 전투는 치르지 않고 있을 때, 곧바로 아군의 피해 상황과 전력을 조사한 다음에 다시 결전하여 적을 쳐부수고 적의 장군을 사로잡을 수 있는지 판단합니다.

그 때 멀리 적군의 정세를 분석합니다. 혹시 적군에게 병법에 뛰어난 장수가 있어서 싸움에 대한 전술이 다양하고, 군대의 움직임이 교묘하고 (병사의 훈련도 매우 치밀한 경우에는 특히 주의해야 합니다.

적이 약한 듯이 보이고,……아군에도 충분한 전투력이 있어서, 적장을 죽일 수 있을 정도로 크게 승리할 가능성이 있더라도, 그것이 적의 속임수일 경우를 경계해야만 합니다.)

이러한 적군은 결전하여 승리할 것 같더라도, 싸우지 않고 후퇴하지 않으면 안 됩니다. (적군을 쫓아가며 이쪽에 유리한 상황으로 유인하지 않으면, 싸움의 주도권을 되찾을 수 없는 것입니다.)

軍有所不擊者, 曰, 兩軍交合而舍, 計吳力足以破其軍, 獲其將. 遠計之. 有奇執(勢)巧權於它, 而軍……□將. 如此者, 軍唯(雖)可擊, 弗擊也.

공략해서는 안 되는 성

성 가운데에도 공략해서는 안 되는 성이 있다고 한 것은 이런 경우입니다.

아군의 전력을 조사할 때 성을 충분히 무너뜨릴 수 있는가를 판단하기 전에 주의해야 할 것이 있습니다. 그 성을 무너뜨린 다음에 전진 기지로 쓸 수 있는지, 그 성을 얻어서 후방에 남겨 보급기지로서 쓸 수 있는지 고려하였을 때 적군이 총공격을 해오면 지킬 수 없는 경우입니다.

(만약 이러한 도움이 되지 않은 성 때문에 아군이 한정된 전력을 쓸데없이 소모하여 침공 작전이 곤란해지면 안 됩니다.) 전방에 있어서 모처럼 쉽게 적군의 성이 자진해서 항복하더라도 (적군이 쳐들어오면 바로 상황이 뒤집어져 버려서 이기지 못한 것으로 되거나.) 이로울 것도 없이 후방에서 위협이 되지 않는 성은 함락시키더라도 함락하지 않는 것처럼 되어 적군을 막을 수도 없습니다.

이러한 성은 아무리 무너뜨리기가 쉽더라도 공격하여 빼앗아서는 안 됩니다. (침공로를 고를 때에 전방의 성은 돌아가서 피할 수 있으므로 반드시 그 성을 무너뜨릴 필요는 없습니다. 오히려 성 안의 적군을 밖으로 꾀어내어 쳐부수는 전술을 써서, 해롭지 않은 텅빈 성으로 만드는 쪽이 침공하여 전진하는 데에 유리합니다.)

城有所不攻者, 曰, 計吾力足以拔之, 拔之而不及利於前,得之而後弗能守. 若力〔□〕之, 城必不取. 及於前, 利得而城自降, 利不得而不爲害於後. 若此者, 城唯(雖)可攻, 弗攻也.

빼앗아서는 안 되는 지점

또한 어떤 공격 지점 가운데 빼앗아서는 안 되는 지점이 있다라는 말은 이런 경우입니다.

이는 산지, 골짜기, 늪지, 호수의 네 가지 지형으로 안전히 공격하고 후퇴하며 삶을 도모할 수 없는 곳입니다. (앞다투어 전진하기만 하면서 서로 빼앗으려고 충돌하다가 모두 죽는 전쟁터가 되어 버리는 경우가 있습니다.

이러한 지점은 빼앗더라도 아무런 이익도 없고, 그곳을 지키다가는 적의 유격전에 휘말려 위험하고 병력을 소모할 뿐입니다.) 따라서 이러한 지점은 빼앗아서는 안 됩니다.

(최초의 전략 단계에서 이러한 지형은 주의 깊게 피하여, 적군과 충돌하지 않도록 하거나, 또는 극비의 통로를 통과하거나, 적을 계략으로 꾀어내어 쳐부수는 전술로서 역습을 당하지 않도록 하여야 합니다.)

地有所不爭者, 曰, 山谷水□無能生者, □□□而□□……虛. 如此者, 弗爭也.

실행할 수 없는 명령

군주의 명령일지라도 실행할 수 없는 명령이 있을 수 있다는 것은 이런 경우입니다.

군주의 명령이 전투 현장에 필요한 임기응변의 작전 판단과 상반되는 경우에는 명령대로 실행하기에 불가능하다고 말한 것입니다.

군주의 명령이 처음부터 이러한 현장 지휘관의 판단을 구속하지 않고, 오히려 전략 목표를 달성하기 위해서는 작전 실행 단계에서의 임기응변의 가능성을 인정한다면 명령은 지장없이 실행됩니다.

이러한 현장에 따른 재량권을 인정하는 군주와 임기응변의 작전에 뛰어난 장군은 함께 지혜롭게 용병술의 본질을 이해하고 있다고 할 수 있습니다.[16]

君令有所不行者, 曰, 君令有反此四變者, 則弗行也. ……
行也. 事……變者, 則智(知)用兵矣.

---

16. 이 편은 결론에 현장 지휘관의 재량권을 인정하여야 한다는 "군주의 명령일지라도 실행할 수 없는 것도 있다"는 구절로 개괄하고 있다. 이는 8편 「구변」의 내용이 잘못 해석되는 것을 피하기 위해서 서술된 것으로 보인다.

(4) 황제가 적제를 토벌하다 [黃帝伐赤帝]

이 편은 제일 앞의 은작산 죽간 뒷면에
'황제벌적제'(黃帝伐赤帝)라고 정서되어 있어서
그대로 편명으로 정한 것이다. 13편 이외의 편 가운데 하나로서,
「행군」(行軍)의 '황제사군지리'(黃帝四軍之利)를
보충 설명한 것으로 보인다. 그리고 이를 통해서
손무의 『손자병법』이 그 이전 황제로부터 면면이 이어져 왔음을
밝혀 주었고, 황제 병법이 임기응변과 음모술수를 사용하는
기병(奇兵)과 정면의 전면전을 사용하는 정병(正兵)을 적절히
배합한다는 점에서 손무의 병법과 일치한다는 점도 보여 주고 있다.

전설 속 황제의 병법

손무가 이렇게 말하였다.

(황제가 남쪽으로 적제[17]를 정벌할 때에 용의 들[18]까지 침공하여,) 숭산 기슭의 벌판에서 싸웠습니다. 그때에 황제는 음모술수를 자유

---

17. 적제(赤帝)는 남쪽을 대표하는 고대의 제왕이다. 그리고 불의 신으로 상징되어 염제(炎帝)라고도 불렸다. 흔히 신농씨(神農氏)로 알려져 있는데, 고대 중국인에게 농경을 가르쳤으며, 시장을 열어 장사하는 방법을 전수하였고, 약초를 직접 시험하여 정리한 의약의 신이며, 역법을 만들기도 하였다고 한다.

18. 다른 자료로 보충하면 '용의 들'의 원문은 '용야'(龍野)이고, 지금의 하남성(河南省) 숭산현(嵩山縣)이다.

자재로 사용하였고 정공법으로 결전에 들어가서, 반격을 물리치며 적군을 철저하게 격파하였습니다.

그리고 7년 동안은 전쟁을 일으키는 일없이, 백성들을 쉬게 하고 전쟁의 피해를 복구하는 데에 힘쓰며, 생산을 회복하여 경제를 안정시키고, 옛날의 적에 대하여 불평등한 대접을 폐지하고 포로들을 석방하였습니다.[19]

---

19. 황제(黃帝)가 7년 동안 전쟁을 쉬었다는 말의 원문이 은작산 죽간에는 이 '7년'이라는 글자가 빠져 있다. 이에 대해 여러 가지 의견이 있었다.

먼저 전국시대에 지어진 것으로 추정되며 누가 지었는지 명확하지 않은 편년체(編年體) 역사책인 『죽서기년』(竹書紀年)에는 황제가 치우(蚩尤)를 평정하여 제왕에 즉위한 다음 20년 뒤에 천하를 평정하여, 운기(雲紀)에게 벼슬제도를 정하게 하였다고 쓰여 있다.

또한 『좌전』「소공(昭公) 15년」에는 "전쟁 뒤에 5년 동안 백성을 쉬게 하고, 그 뒤에 다시 군대를 움직였다. 이것이 예법으로 정해져 있다"[息民伍年, 而後用師, 禮也]라고 하여서 고대의 예법에 7년이 아니라 '5년'이란 설이 제기되었다.

그러나 『황제사경』(黃帝四經)「경법 · 군정」(經法 · 君正)에는 "1년째는 그 토지의 습속을 변경하지 않고, 어디에 문제점이 있는가를 조사한다. 2년째는 지원을 해주며, 복종하는 사람에게는 은혜를 베푼다. 3년째까지 조세나 부역을 걷지 않고서 백성을 휴양시킨다. 4년째에 와서 조세와 부역을 다시 부과하여, 복종하지 않는 사람에게 경고를 하고 명령지배권을 확립한다. 5년째에 형벌제도를 정비하여, 법령을 백성들에게 통지한다. 6년째에 처음으로 형벌을 집행하여, 백성들을 복종시킨다. 7년째에는 새 영토에서 병사를 징발하여 군대를 편성하여 강한 적을 정복한다"[一年從其俗, 則知民則, 二年用其德, 民則力, 三年無賦斂, 則民有得, 四年發號令, 則民畏敬, 伍年以刑政, 則民不事, 六年知刑罰, 則民畏敬, 七年而可以征, 則勝强敵]라고 되어 있어서 본문에서는 '7년'을 채택하였다.

결국 황제는 사방의 네 사람의 제왕을 멸망시키는 데 만 20년이 걸린 셈(적제

(이것이 황제의 병법입니다. 병법은 모두 여기에서 시작되었습니다.)

孫子曰,〔黃帝南伐赤帝, 至于□□〕, 戰於反山之原, 右陰, 順術, 倍(背)冲, 大滅(滅)有之.〔□年〕休民, □穀, 赦罪.

황제의 천하평정

황제가 동쪽의 청제[20]를 정벌할 때에는 양평[21]까지 침공하여 평원[22]에서 싸웠습니다. (황제는 음모술수를 자유자재로 사용하였고) 정공법으로 결전에 들어가서, 반격을 물리치며 적군을 철저하게 격파하였습니다.

그리고 7년 동안은 전쟁을 일으키는 일없이, 백성들을 쉬게 하고 전쟁의 피해를 복구하는 데에 힘쓰며, 생산을 회복하여 경제를 안정시키고, 옛날의 적에 대하여 불평등한 대접을 폐지하고 포로

는 시작이므로 횟수에서 빼고, 처음 원년 1년을 빼야 하므로 7×3 ─1 =20)이 된다. 이것은 『죽서기년』의 20년이란 기록에도 부합한다.

20. 청제(靑帝)는 동쪽과 봄을 상징하는 전설적인 제왕이다. 흔히 여와(女媧)를 청제라고 한다. 전설 속에서는 하늘을 보수하여 중국을 지켜내었다고 한다. 복희씨(伏犧氏)의 여동생으로 처음으로 생황(笙簧)을 만들었고, 결혼의 예법을 만들어 동족끼리의 결혼을 금지한 인물이다.

21. 양평(襄平)은 지금의 산동성(山東省) 평음현(平陰縣)이다.

22. 평원(平原)은 지금의 산동성(山東省) 평원현(平原縣)이다.

들을 석방하였습니다.

　황제가 북쪽의 흑제[23]를 정벌할 때에는 무수[24]까지 침공하여, 연택[25]에서 싸웠습니다.[26]

　황제는 음모술수를 자유자재로 사용하였고 정공법으로 결전에 들어가서, 반격을 물리치며 적군을 철저하게 격파하였습니다.

　그리고 7년 동안은 전쟁을 일으키는 일없이, 백성들을 쉬게 하고 전쟁의 피해를 복구하는 데에 힘쓰며, 생산을 회복하여 경제를 안정시키고, 옛날의 적에 대하여 불평등한 대접을 폐지하고 포로들을 석방하였습니다.

---

23. 흑제(黑帝)는 오행(伍行)에 따라 북쪽을 상징하는 제왕이다. 흔히 유우씨(有尤氏)라고 전한다.

24. 무수(武遂)는 지금의 하북성(河北省) 역현(易縣)이다.

25. 연택(緣澤)은 황하(黃河)의 하구(河口)이다.

26. 이상의 이야기에서 황제가 용야에서 싸웠다는 말이 흑제와의 투쟁은 '용의 피는 검은 빛깔과 누런 빛깔이다'라는 상징으로 연결된다. 『주역』(周易) 「곤괘」(坤卦)에 "용야에서 싸웠다. 그 피는 검은 빛깔과 노란 빛깔이었다"[戰于龍野, 其血玄黃]라는 말이 있다. 이는 흑제와 황제의 두 제왕이 전쟁을 한 것을 암시하고 있다. 사방과 중앙의 고대 제왕들의 상징은 『좌전』 「소공(昭公) 17년」에 서로 맞물려 있다. "옛날에 황제는 구름을 상징으로 하고, 군대를 '운사'로서 벼슬의 직명과 직위도 구름으로 통일하였다. 염제는 불을 상징으로 하고, 군대를 '화사'로서 벼슬의 직명과 직위도 불로 통일하였다. 공공씨는 물을 상징으로 하고, 군대를 '수사'로서 벼슬의 직명과 직위도 물로 통일하였다. 복희씨는 용을 상징으로 하고, 군대를 '용사'로서 벼슬의 직명과 직위도 용으로 통일했다."[昔者黃帝氏以雲紀, 故爲雲師而雲名, 炎帝氏以火紀, 故爲火師而火名, 共工氏以水紀, 故爲水師而水名, 大皥氏以龍紀, 故爲龍師而龍名.]

또한 황제가 서쪽의 백제[27]를 정벌할 때에는 무강[28]까지 침공하여, 염택[29]에서 싸웠습니다.

(황제는 음모술수를 자유자재로 사용하였고 정공법으로 결전에 들어가서, 반격을 물리치며 적군을 철저하게 격파하였습니다.)

황제는 사방의 제왕들을 완전히 무찌르고 천하를 크게 통일하고, 폭력으로 (권력을 빼앗으려고 하는 패거리를 제압하여) 천하를 안정시켰습니다. 그래서 천하의 모든 백성은 황제에게 복종하고 그 밑으로 들어갔습니다.

東伐□帝, 至于襄平, 戰於平□, 〔右陰〕, 順術, 倍(背)冲, 大殼, (滅)〔有之. □〕年休民, □穀, 敕罪. 北伐黑帝, 至于武隧, 〔戰於□□右陰, 順術, 倍冲, 大滅有之. □年休民, □穀, 敕罪〕. 西伐白帝, 至.於武剛, 戰於〔□□, 右陰, 順術, 倍冲, 大滅有〕之. 已勝四帝, 大有天下, 暴者……以利天下, 天下四面歸之.

---

27. 백제(白帝)는 서쪽과 가을을 상징하는 제왕이다. 흔히 서강족(西羌族)의 부족으로 분류되었는데, 지금의 티베트족이다.
28. 무강(武剛)은 지금의 청해성(青海省) 서녕시(西寧市)이다.
29. 염택(鹽澤)은 지금의 청해(青海)이다.

탕왕과 무왕도 황제의 병법을 쓰다

(그 뒤 황제의 자손으로 실력을 갖춘 사람이 교대로 천하를 계승하여 우왕[30]에 이르렀으나 하나라 말기에 폭군 걸왕[31] 때가 되었다.) 탕왕[32]은 걸왕을 토벌할 때에 명조[33]까지 쳐들어가서 박전[34]에서 싸웠습니다.

걸왕도 음모술수를 자유자재로 사용하였고 정공법으로 결전에 들어가서, 반격을 물리치며 적군을 철저하게 격파하였습니다.

---

30. 우왕(禹王)은 하(夏)나라를 창업한 제왕이다. 제왕이 되기 전에 요(堯)와 순(舜) 두 제왕을 모시며 황하의 홍수를 잘 다스리는 등 치수(治水)에 큰 공을 세웠다. 치수에 온 힘을 기울여 세 해 동안에 자기 집에 한 번 돌아가지도 못할 정도였다고 한다. 이런 부지런함 때문에 묵자(墨子)가 높이 평가하였지만, 처음으로 능력 있는 자에게 제위를 물려주는 선양(禪讓)제도를 자기 자식에게 물려주는 세습(世襲)제도로 바꾸어 평가가 갈리는 인물이기도 하다.

31. 걸왕(桀王)은 하나라의 마지막 제왕이다. 『사기』「하본기」(夏本紀)에 따르면 다음과 같다. 걸왕이 즉위 당시에 이미 그의 증조부인 공갑(孔甲)이래로 많은 제후들이 반란을 일으키고 백성의 마음이 돌아서 버린 때였다. 그런데도 그는 포악무도하게 백성을 탄압하고, 제후 가운데 가장 덕망 있었던 탕(湯)을 잡아 가두는 등 폭정을 일삼았다. 결국 모든 사람들이 탕에게 복종하게 되었고, 탕왕이 그를 공격하여 승리하였다.

32. 탕왕(湯王)은 성탕(成湯)이나 상탕(商湯)이라고도 부른다. 상(商, 나중에 천도 후 殷으로 개칭)왕조를 개국한 군주이다. 포악한 걸왕을 무찌르고 천자의 자리에 올라서, 처음 박(亳, 지금의 河南省 南邱縣)에 수도를 정하였다. 재위 30년 동안 여러가지로 근면하고 신중한 창업주의 모습을 보여주었다.

33. 명조(鳴條)는 지금의 안휘성(安徽省) 합비현(合肥縣)이다.

34. 박전(薄田)은 지금의 산동성(山東省) 박흥현(博興縣)이다.

(탕왕의 자손으로 은나라 말기에 주왕[35] 때가 되었다.) 무왕이 주왕을 토벌할 때에 흠수[36]에까지 쳐들어가서, 목야[37]에서 싸웠다.

　무왕도 음모술수를 자유자재로 사용하였고 정공법으로 결전에 들어가서, 반격을 물리치며 적군을 철저하게 격파하였습니다.

　천하를 무력으로 평정한 황제와 탕왕과 무왕은 모두 같은 병법을 쓰며 천지의 진리를 잘 이용하여 백성의 마음을 얻는 데에 성공하여, 천하를 복종시킬 수 있었습니다.[38]

---

35. 주왕(紂王)은 『사기』「은본기」(殷本紀)에 자세한 기록이 나와 있다. 주왕은 폭군이었지만 무능한 인물이 아니었다. 아니 그 반대로 매우 영민하고 용맹한 문무(文武)를 겸비한 인물이었다. 게다가 논변과 정치적 수완이 뛰어나서 누구도 자신에게 미치지 못한다고 생각할 정도였다. 그러나 이러한 재능은 그에게 오만함을 가져다주어 차츰 방탕하게 되어 술과 여자에 빠졌다. 그리하여 경국지색(傾國之色, 나라를 망칠 정도로 뛰어난 미녀)으로 유명한 달기(妲己)에게 빠져서 정치를 돌보지 않았다. 그의 사치와 탐욕은 유명하여 술로 가득 채운 연못과 고기를 주렁주렁 매달은 숲이라는 '주지육림'(酒池肉林)의 고사성어를 낳았다. 더구나 백성들을 탄압하기 위해서 구리 기둥에 기름을 바르고 그 밑에 벌겋게 달아오른 숯불을 깔아 놓고는 죄수를 건너게 해서 죽였다고 하여 '포락지형'(炮烙之刑)의 고사성어도 남겼다. 결국 제후국인 주나라의 서백(西伯, 나중에 文王으로 추존된다)을 탄압하다가, 그의 아들인 무왕(武王)에게 최후를 맞는다.

36. 흠수(欽邃)는 지금의 하북성(河北省) 거록현(巨鹿縣)이다.

37. 목야(牧野)는 지금의 하북성(河北省) 학벽시(鶴壁市)이다.

38. 이 편은 전설 속에 등장하는 중국의 시조인 '누런 제왕'인 황제의 이야기이다. 역시 황제를 가탁한 작품인 『황제사경』의 「십대경·입명」(十大經·立命)에 "옛날에 황제는…(하늘과 땅 사방을 모두 통찰하여 이를 본받으며 신중하게 받아들여)…그 남쪽을 향해 앉는 제왕의 자리에서 통치에 힘쓰며 천하의 세 방향으로 예법을 실행하였다. 그래서 (제후들은) 천하의 기둥으로 여기며 복종하

였다"[昔者黃宗……踐位履參, 是以能爲天下宗]고 하였다.

같은 책의 「십대경·정란」(十大經·正亂)에서는 "당시에 아직 황제의 상제로서 군림하고 있던 염제의 자손은 능력도 인덕도 없는데도 멋대로 전쟁을 일으켜, 치우와 공공과 대결하여 굴욕적인 패배를 당하였다. 결국 그들이 제멋대로 할 수 있도록 내버려 두는 결과가 되어 버렸다"[其上帝未先而擅興兵, 視蚩尤共工, 屈其脊, 使甘其兪]라고 쓰여 있다.

또한 같은 책의 「십대경·오정」(十大經·伍正)에 "황제는 드디어 천하 군사권의 상징인 '도끼'를 번쩍 들어 군사를 출동시켰다. 그리하여 전차와 보병을 침공시키며, 몸소 북을 치면서 명령을 발동하였다. 이렇게 해서 치우의 군대와 맞붙어서 그를 포로로 잡았다"[黃帝於是出其鐪鉞, 奮其戎兵, 身提鼓枹, 以遇蚩尤, 因擒之]고 하였다.

그리고 『일주서』(逸周書)의 「상맥해제오십육」(嘗麥解第伍十六)에 "적제는 치우와 황제 두 사람을 경 벼슬에 나누어 임명하였다. 치우에게 소호를 통치하라고 명령하고, 사방으로 내려가서 □□를 담당하게 하였다. 그러나 드높은 하늘이 축복을 드리워 주시니 치우는 적제에게 반역하여, 탁록의 황하 하구에서 싸우고 적제의 군대를 모두 전멸시켰다. 그래서 적제는 벌벌 떨면서 황제에게 구원을 청하자, 그는 치우를 붙잡아서 중이 땅에서 죽였다. 황제는 이렇게 실권을 쥐고서도 야심을 드러내는 일없이 군대를 해산하고서, 매우 바르게 대처하며 하늘의 질서에 순응하며 적제에게 충성을 보여주었다. 그래서 그 전쟁터를 전쟁을 멈추게 했다는 뜻의 '고삐를 끊은 땅'인 '절비'라고 불렀다. 그래서 적제는 황제를 믿고서 소호 땅의 군사 원수에 임명하였다. 이렇게 해서 황제는 이렇게 먼저 적제의 대신으로서 오제로 이어지는 정치 체제의 기초를 바로잡아 다졌다"[赤帝分正二卿, 命蚩尤于宇少臭以臨四方司□□上天未成之慶, 蚩尤乃逐帝, 爭子啄鹿之河, 九隅無遺, 赤帝大懾, 乃說于黃帝, 執蚩尤, 殺之于中異, 以甲兵釋怒, 用大正, 順天思序, 紀于大帝, 用名之日, 絶轡之野, 乃命少昊請司馬鳥師, 以正伍帝之宮]고 하였다.

이상은 황제가 사방을 평정하는 과정을 잘 묘사한 기록들이다. 황제가 전설 속의 인물인데다가 인용된 자료들이 이견이 많지만 여러 가지 정보를 얻을 수 있다. 은작산 죽간에서는 황제의 지배 영역이 청해에서 하구까지의 황하 유역이던 것이 암시되어 있고, 청해나 영하(寧夏)의 하란산(賀蘭山)에 황제의 유적이 있었다고 하는 것은 『목천자전』(穆天子傳)의 기록에 부합하니 매우 흥미 깊다.

湯之伐桀也,〔至於□□〕, 戰於薄田, 右陰, 順術, 倍(背)冲大滅有之. 武王之伐〔紂〕, 至於欽邃, 戰牧之野, 右陰, 順術,〔倍冲, 大滅〕有之. 一帝二王皆得天之道, □之□, 民之請(情), 故…….

(5) 지형 두 번째 [地形二]

이 편은 은작산 죽간에서 가장 훼손이 심한 부분이어서
죽간 한 쪽 한 쪽의 내용이 잘 연결되지 않는다.
단지 판독된 단어들 속에서 7편 「행군」(行軍)과 10편 「지형」(地形)이나
11편 「구지」(九地)와 중복되는 개념이 보인다.
아마도 이들 두 편을 보완해서 해설하기 위한 부분으로 추정된다.
아래에 시험적으로 옮겨 보았으나, 더 많은 연구를 기다려야 할 것이다.

……지형은 동쪽을 왼쪽으로 하고, 서쪽을 오른쪽으로 한
다.……

……머리, 땅이 평평하면 왼쪽을 사용하고, 군대는……

……땅이다. 교전하면서 물은……

……는 죽기를 각오해야 할 '사지'이다. 풀이 자라는 것은……

……땅이 단단한 곳은 ……하지 말라.……

……'천리', '천정', '천완'[39]……

---

39. 7편 「행군」에 '천정'(天井)이라 불린 지형이 나온다. 사방이 높은 지형으로 둘
러 싸여 있어서 가운데 푹 꺼져서 늪지를 이루는 지형이다. '천리'(天離)는 앞
에서 말한 '절간'(絶澗)과 비슷한 지형인 듯하고, '천완'(天宛)은 '천함'(天陷)
과 비슷한 지형인 듯하다. 그러나 손무가 다른 분류에 따라 구분한 지형일지
도 모르므로 연구를 기다려야 할 것이다.

······이것을 '이로움을 무겁게 한다'라고 한다. 전진하여야 하니, 이를 '지키기 싫어한다'라고 한다. 오른쪽으로 돌아가야 하니, 이를 '천고'라고 한다. 왼쪽으로 돌아가야 하니, 이를······라고 한다.······

······시야가 탁 트인 높은 곳에 진지를 구축하여야 하며,······해가······냇가를 왼쪽에 두면 이롭다고 하고, 오른쪽에 두면 쌓인다고 한다······

······5월에는 땅을······헤아려야 하고, 7월에는······

······전군이 출동하게 되면 아침저녁을 가리지 말고, 오른쪽으로 언덕을 등지고, 왼쪽으로 물을 앞에 두어야 한다. 이를 따르는 자는······

······아홉 가지 지형의 분류법은 사람의 보편적인 이법을 따르는 것이니 삼가 살피지 않을 수 없다.······

〔□〕地刑(形)東方爲左, 西方爲右〔右〕······

······首, 地平用左, 軍······

······地也. 交□水□······

〔地〕刑(形)二

······者, 死地也. 産草者□······

······地剛者, 毋□□□也□······

······〔天〕離, 天井, 天宛□······

······是胃(謂)重利. 前之, 是胃(謂)猒守. 右之, 是胃(謂)天固. 左之, 是胃(謂)……

　……所居高日建堂, □日□〔□〕□遂左水曰利, 右水曰
積……

　……□伍月度□地, 七月……

　……三軍出陳(陣), 不問朝夕, 右負丘陵, 左前水澤, 順
者……

　……九地之法, 人請(情)之里(理), 不可不□……

15. 남은 이야기, 손무의 마지막

합려의 변신

손무를 임용한 뒤에 오나라는 확실히 큰 변화가 나타났다. "사랑하는 여자가 곁에 없으면 밥을 먹어도 맛을 모른다"며 푸념을 늘어놓을 정도로 여자를 밝히던 합려가 단호하게 여색을 멀리하였다.

후한시대에 오나라와 월나라가 투쟁하던 유적지에 관한 이야기와 두 나라에 관해서 민간에 전해지는 이야기들을 모아서 지은 『월절서』(越絶書)라는 책에는 오나라의 수도인 고소성(姑蘇城)으로부터 70리 정도 떨어진 곳에 합려가 후궁들을 수용한 고대 궁성의 유적지가 남아 있다고 적혀 있다.

이곳이 아마도 손무가 후궁의 목을 베고, 합려에게 병법의 중요성을 깨우쳐 주었다는 일화의 현장이 아닐까? 또 합려는 무기 공장인 '천리려'(千里廬, 아마도 거대한 공장 규모를 형용한 말인 듯하다)에 궁녀 300명을 배치하여 작업을 돕게 하였다고 전한다. 다시 말해 합려가 아주 가까운 후궁을 제외하고 대부분을 그 신분에서 벗어나 무기 생산의 제1선에서 일하는 기술자에게 할당하였다는 말이다.

이 전례가 없는 우대책에 의해 오나라에는 우수한 기술자들이 앞다퉈 모이고, 무기 생산 체제는 매우 진보하여, 당시 최고의 기술 수준에 도달하였다. 천리려는 간장검[1]을 대량으로 만들어 내어, 오나라 군대는 언제나 최신 무기로 전투에 임할 수가 있었다. 왕이 자신의 서명을 새긴 무기를 주조하는 풍습을 시작한 것도 합려였다.

'공오왕광검'(攻吳王光劍, 오나라왕 합려의 검)이나 '대왕광과'(大王光戈, 오나라의 위대한 왕 합려의 창)는 무기 공장에서 만든 제품이었다. 합려는 칼에 자신의 글을 새겨 넣어 스스로 아껴 쓰면서, 큰 공로를 세운 전사들에게도 성능 좋은 큰 칼을 준 것으로 보인다.

합려의 궁전 유적은 두 군데가 있는데, 하나는 거대한 것으로 '사대'(射臺, 활 쏘는 누대)라고 한다. 이는 아마도 손무와 합려가 만난 곳이고, 곁에 별궁들이 많이 세워져 있었다. 원래 이 곳은 오나라왕의 권위를 보여주기 위한 호화로운 궁전이었다. 그런데 손무를 만나고 나서 합려는 여기에 머물지 않고, 군대의 훈련 특히 활쏘기 연습을 하게 하였다. 그래서 '사대'라고 부른 것이다.

초나라를 정복한 뒤에 은거하던 곳에 '고서대'(姑胥臺)를 건설하였는데, 주변에 구곡로(九曲路)라는 성 밖의 혼잡한 도로에 있었

---

1. 간장검(干將劍)은 오나라의 전설적인 장인인 간장이 만든 검을 뜻한다. 그의 아내 막야(莫邪, 또는 鏌鋣)도 뛰어난 대장장이로 막야검(莫邪劍)을 만들었다. 두 칼이 음(陰, 막야검)과 양(陽, 간장검)을 이루면서 명검의 대명사가 되었다. 이 두 칼은 당시의 발달된 야철(冶鐵) 기술을 바탕으로 날카로운 철기 무기를 개인 병기로 사용했음을 뜻한다. 두 칼이 만나면 대단한 위력을 발한다는 전설이 전한다.

다. 이 성의 '대'란 이름 뿐으로 기초를 높이 올리지 않고, 높은 누 각도 세우지 않았으며, 특별한 장식도 하지 않고, 여기서 일반 서 민의 생활을 관찰하였다고 전한다.

전략 물자가 된 닭

또 『월절서』에는 고소성 밖에 '계피허'(鷄陂墟)라는 곳이 있는데, 닭을 대규모로 사육하였다고 전한다. 이것은 달걀과 닭고기를 시 장에 공급하는 동시에 전쟁 때에 행군하면서 휴대하기 쉬운 식육, 즉 전략 물자로서 길렀던 것 같다. 물론 닭을 많이 길렀다는 것은 농업 정책으로도 막대한 경제 효과가 있었다고 생각된다.

'대왕광과'는 긴꼬리 닭과 같은 닭무리 그림이 새겨져 있다. 이 러한 '닭 사육 정책'의 성공은 오나라의 군사력과 경제력을 뒷받침 하였는데, 이것 역시 합려에게 큰 긍지였다는 점을 미루어 볼 수 있다.

합려 자신은 식사도 절제하여, 반찬도 두 가지 이상은 먹지 않았 다. 초나라의 자서(子西)의 증언에는, 잠자리에 들었을 때에도 깔 개를 겹으로 포개지 않고 전쟁터에서의 생활을 되새겼고, 전투 선 박이나 전차에도 특별한 장식을 붙이지 않았고, 옷에도 수를 놓지 않으며 불필요한 비용을 줄였다.

이렇게 주의 깊고 검소한 자세를 보였으므로 백성은 고생하며 세금을 바치면서도 쓸데없다고 생각하지 않게 되었다. 돌림병이 돌아서 백성이 죽어 나갈 때에는 고아들을 모아서 기르고, 합려 스스로 사망자가 많이 나온 곳을 돌아보며 어루만져 주었다. 그리고 가난한 백성의 생업을 회복시켜 주어서 사람들을 격려하였으므로 왕에게 친근감을 가지게 되었다고 한다.

전쟁터에서는 음식을 끓여서 준비를 할 때에도 병사 모두에게 평등하게 나눠 주고 나서 비로소 먹었다. 그래서 합려가 첫 수저를 뜨면 전군이 일제히 함께 먹는 습관이 생겼다.

병사들은 이렇게 하면서 전쟁터에 나가서, 언제 죽더라도 상관없다고 여기게 되었다고 한다. 이러한 사고 방식은 사마양저의 병법과 완전히 일치한다. 여기에도 손무와 그의 병법에 『사마법』의 그림자가 은연중에 보인다.

이렇게 병사를 키우고 군대를 전진시킨 지 9년째가 되었을 때, 오나라 군대는 백거(柏舉)에서 초나라 군대와 싸워서 크게 승리하였다. 그리고 그 여세를 몰아 초나라의 수도 영(郢)에까지 진격하여, 완전히 함락시키게 되었다. 드디어 합려의 소원이 이루어지는 순간이었다.

손무의 비극적인 죽음

이처럼 최고의 병법을 펼친 전략가이고, 철학자이고, 정치가이고, 무엇보다 거대한 조직을 만들고 움직인 지도자로 크나큰 성공을 본 손무였지만 그의 최후는 매우 비극적이었다.

먼저 강국인 초나라를 정복한 오나라 군대는 초나라 소왕(昭王)의 도망에다가 합려와 부개(夫槪) 형제의 싸움까지 겹쳐서, 초나라에 괴뢰 정권을 세울 기회를 잃고 말았다. 이윽고 아직 정복하지 않은 초나라 북쪽에 주둔하고 있던 주력군의 본격적인 반격이 시작되었다.

어쩔 수 없이 합려와 오나라의 주력 부대는 영을 빠져나갔다. 그리고는 공서지계(公胥之谿, 지금의 湖北省 武漢市)로 남하하는 초나라 군대를 습격하였지만, 타이밍이 맞지 않은 데다가 부개가 배반하고 오나라 본국으로 돌아가 멋대로 오나라왕의 자리에 올랐다는 보고가 들어 왔다. 결국 오나라 군대 내부가 스스로 혼란하여 패배하고 말았다.

합려는 곧바로 남은 병사들을 거느리고 수도인 고소로 빠르게 달려가 부개를 공격하였다. 이것으로 오나라는 초나라로부터 완전히 철수하게 되었다. 이러한 대혼란 속에서 손무라는 위대한 이름은 스러져 갔다. 이후로 오나라의 기록에 그의 이름이 전혀 등장하지 않고 있다.

전한 시대의 책인 『회남자』(淮南子)의 「병략훈」(兵略訓)에 "군주와 신하의 믿음이 무너지면, 저 위대한 손무라도 적군과 맞서 싸울 수 없다"〔君臣乖心, 孫子不能以應敵〕라는 구절이 보인다. 위대한 군신(軍神)도 완전히 무너져 버린 내란 상태를 어찌지는 못한 것이다.

『손자병법』의 성립

그러면『손자병법』은 언제 지어져 어떻게 전해진 것인가? 손무가 오나라왕 합려와 처음으로 만났을 때, 합려는 "그대의 병서 13편은 내 모두 읽었다네"라고 말하고 있다.

『손자병법』의 주요 부분이 13편인 것은 은작산 죽간본에서도 확인되었고, 청해성(靑海省) 대통현(大通縣)의 한(漢)나라 때의 분묘에서 발견된 상손가책(上孫家寨) 죽간에서도 13편이라는 숫자가 확인되고 있다. 오나라왕이 보았다고 하는 병서는 아마도 손무가 오나라왕을 만나기 전에 자신의 병법을 오나라의 군주와 신하가 알기 쉽게 적어 놓은 것으로 보인다. 아마도 이런 형식을 취한 것은 오나라왕이 손무를 직접 만나볼 가치가 있는지를 결정하는 시험임에 틀림없다. 오나라왕을 노리는 자객이 어떤 모습으로 다가올지 도무지 알 수 없었기 때문이다. 더구나 합려는 선왕인 요(僚)를 요리사로 가장한 자객 전제(專諸)를 시켜 암살했기 때문이다.

이렇게 쓰여진 최초의 글이 바로 손무가 구상한 전쟁 기획서이다. 오나라왕은 병서를 읽어 보고 오자서를 비롯한 여러 신하들의 의견을 들은 뒤 혼자서 만나보기로 결단하였음이 틀림없다. 이렇게 해서 성립한『손자병법』은 은작산 죽간본 등에서 발견된 것과 같은 주석과 보충 자료 등을 붙여서, 오나라가 멸망할 때까지 궁정의 기록 보관실에 보관되어 있었을 것이다. 손무의 죽음, 오자서의 실각, 그리고 오나라의 멸망으로 이어지는 일련의 과정 속에서 손무의 언행을 적은 『손자병법』의 원본은 역사의 어둠 속으로 영원히 묻히고 말았다.

범려가 살아 남았다, 『손자병법』도 전해지다

그러나 『손자병법』은 그대로 사라지지 않고 오나라왕의 서재에서 전국 시대의 서가로 전해졌다.

그 사이 역사의 공백에 묻혀진 부분은 아마도 월나라왕 구천(句踐)에 의한 오나라 멸망 과정일 것이다. 구천과 그의 신하들은 오나라를 정복하고 궁궐에 있던 미녀들과 재물뿐만 아니라 엄청난 기록을 모두 얻게 되었다. 범려(范蠡)와 대부종(大夫種)과 같은 월나라의 현명한 신하들은 아마도 미녀나 재물에는 눈도 돌리지 않았을 것이다. 그들은 먼저 오나라가 제나라나 진나라 등 다른 나라와 주고받은 외교 문서나 오나라가 전성기에 초나라를 정복할 때 빼앗은 기록들을 구하며, 사관이 관리하고 있던 기록 보관실을 몽땅 조사하였음에 틀림없다. 그 속에는 물론 『손자병법』이 잠자고 있었다. 그 잠을 깨워 방대한 대나무 책의 산에서, 이 위대한 군사 이론의 존재를 발견한 '누군가'가 있었을 것이다.

범려나 대부종은 월나라 사람은 아니었다. 한나라 때의 대학자인 양웅(楊雄)의 방언 연구서인 『양자방언』(楊子方言)에 "리(離)자를 초나라 말로는 려(蠡)라고 한다"라는 말로 보아 이름에서부터 초나라 사람인 것을 알 수 있다. 또한 대부종의 본명은 문자금(文子禽)이라 하였고, 원래 초나라 평왕(平王)의 신하였다고 한다.

역사를 살펴보면 두 사람은 오나라와의 싸움에서 매우 어려운 처지에 있던 월나라에 느닷없이 나타나서 월나라왕 구천을 지원하였다. 이는 마치 두 사람이 '본사'인 초나라에서 '관련 벤처회사'인 월나라로 파견된 '기술 고문'과 같은 역할을 한 것이다. 다시 말해 초나라의 위기를 구하기 위해서, 동맹국인 월나라에 파견되어 오나라의 배후를 습격하게 만드는 전략적 사명을 완수한 인재였음을 알 수 있다.

일찍이 구천은 범려에게 "오나라를 정복하면, 영토의 절반을 주겠다"고 약속하였다. 오나라가 멸망하자, 대부종과 범려는 정말로 오나라의 옛 영토의 절반, 즉 회수(淮水) 유역으로부터 장강(長江)의 단양동산(丹陽銅山)과 대야동산(大冶銅山)까지의 지역을 본국인 초나라에 되돌려 주었다. 더구나 여수(汝水) 이북의 땅을 송(宋)나라에, 사수(泗水) 유역을 노(魯)나라에 주면서 초나라를 지원한 은공에 보답하였다. 지금의 강소성·안휘성과 하남성·호북성까지 넓어진 오나라의 옛 영토 가운데 구천이 손에 넣은 것은 동산 지역을 제외한 강소성 뿐이었다. 분명히 절반 이상의 영토를 무조건 나누어 준 것이었다. 이에 대해서는 역사책인 『사기』(史記)의 「월왕구천세가」(越王句踐世家)를 보면, "이렇게 좋은 땅덩어리를 주어도 좋은가"라고 걱정할 정도였다.

오나라왕 부차의 협박에 떨고 있던 주나라의 원왕(元王)은 엄청난 보물을 받고는 매우 기뻐하며 종묘에 희생으로 바친 소의 고기로 답례를 하고, '패자'(覇者)의 칭호를 구천에게 주었다. 싸우지 않고서 오나라 땅을 받은 제후들은 환호하며 구천을 칭송하였다. 그대로 대부종의 외교 전략에 따라 낙양(洛陽) 근처에서 제후 회의인 회맹(會盟)을 개최하였다면, 오나라왕 부차가 열망해 마지않았던 천하를 호령하는 맹주의 지위도 얻었을 것이다. 그러나 월나라 족장인 구천은 그런 혀에 발린 칭찬이나 인사말에 기뻐하는 문화적인 인간이 아니었다. "저 녀석들은 역시 초나라 사람이다. 나나 월나라를 위해서가 아니라, 초나라를 위해서 일한 것이다. 저 녀석들에게 우리 월나라는 오나라를 타도하기 위한 도구에 지나지 않는구나"라고 말하며 크게 실망하였다. 오나라 정복 직후 결국 구천은 제후 회의에 나가지 않았다.

구천의 불신을 사고 있으면서도, 여전히 그의 정권에 눌러 앉아서 초나라에 알랑거리는 외교 정치를 계속하던 대부 문종은 드디어 구천이 내려준 칼로 자살하도록 강요 당하였다. 그러나 범려는 구천의 사람됨을 미리 짐작하고 도망쳐서 살아 남았다. 월나라의 손이 미치는 초나라에도 돌아가지 않았다.

"그대는 죽지만 나는 죽지 않는다"

앞에 말한 「월왕구천세가」에는 범려가 월나라에서 제나라로 망명하고 나서 '치이자피'(鴟夷子皮)라고 이름을 고쳤다고 기록하고 있다. '치이'는 술을 담는 말가죽 주머니를 말한다. 이는 두 가지 해석이 있다. 첫째는 오나라왕 부차가 신하인 오자서의 충간을 싫어하여 그를 죽이고 난 뒤 그의 시체를 바로 이 치이에 넣고 내다 버렸다는 일에서 유래한다. 그래서 범려는 스스로 구천을 떠난 것을 오자서의 처지에 자신을 비겨 이와 같이 이름 붙였다고 한다. 또 다른 의견에는 옛 제나라 말에 철면피나 후안무치라는 뜻으로 "부끄러움을 무릅쓰고 살아 남은 자신"을 자학적으로 스스로를 이름 붙인 것이라고 한다.

한나라 때의 학자인 유향(劉向)의 『설원』(說苑) 「신술」(臣術)에는 이 치이자피와 진성자(陳成子)·전상(田常)과의 대화가 인용되어 있다. 아마도 도서목록집인 『한서』(漢書) 「예문지·권모류」(藝文志·權謀類)에 책 이름이 전하는 『범려』(范蠡) 「이편」(二篇)에서 뽑은 것으로 보인다.

범려의 대화 상대인 전상은 자신의 군주인 간공(簡公)을 살해한 때(기원전 481년)에서부터 10년 이상이나 제나라의 권력을 독점하고 있었다. 공자는 전상의 군주 암살을 강하게 비난했지만, 공자의 제자인 자공(子貢)은 그 전상에게 고용되어 재상의 대리가 되어 낭야(琅邪)까지 진출한 구천을 대응하는 임무가 맡겨졌다. 전상은 키가 크고 체격이 좋은 여성을 수백 명이나 모으고, 70명이 넘는 자식을 두었다. 남의 아이도 양자로 들여서 전씨성을 붙였다. 많은 수의 일벌에게 여왕벌을 지키게 하듯이, 전씨의 동족으로 제나라를 완전히 좌지우지하려고 한 것이다. 끝없는 욕망의 화신 같은 인간이었다.

그러한 전상이 자피를 업신여기며 이렇게 말하였다.

"그대와 나, 어떤 점에서 차이가 날까?"

그러자 자피는 꿋꿋하게 대답하였다.

"전상! 당신은 죽습니다. 그러나 나는 죽지 않습니다. 당신은 멸망합니다. 그러나 나는 계속 살 것입니다."

『손자병법』은 이렇게 진리의 불멸을 믿는 사람들의 손에 의해서 오늘날까지 전해진 것이다.

찾아보기

(ㄱ)

가나야 오사무(金谷 治) 59
간장검(干將劍) 239
「강병」(強兵) 48
「객주인분」(客主人分) 48
거(莒) 땅 13
걸왕(桀王) 197,230
「견오왕」(見吳王) 47,51,199
「견위왕」(見威王) 48,52
경공(景公) 13
경지(輕地) 164,165,175,176
계릉(桂陵) 50
계손자(季孫子) 30
계피허(鷄陂墟) 240
『고문손자』(古文孫子) 58
고서대(姑胥臺) 239
고소성(姑蘇城) 238,240
공서지계(公胥之谿) 242
공오왕광검(攻吾王光劍) 239
공자(孔子) 13,247

공자(公子) 완(完) 13
곽화약(郭化若) 59
괘형(挂形) 154
교지(交地) 164,165,176
「구지」(九地) 35,36,37,95,127
구지(衢地) 136,138,164,165
구천(句踐) 172,244,245,246,247
구행진(鉤行陣) 42
『국어』「오어」 25,37
「군쟁」(軍爭) 34,38
『군정』(軍政) 128
「군형」(軍形) 38
규장각(奎章閣) 58
「금방연」(擒龐涓) 48
기병(奇兵) 39,53,102,104
기수(沂水) 30
김달진 58

(ㄴ)

낙안(樂安) 13
난군(亂軍) 156,157
낭야(琅邪) 247
내간(內間) 193,194,196
노(魯)나라 17,25,30,201

(ㄷ)

담(郯)나라 30
당(唐)나라 28,55
대부종(大夫種) 244,245,246
대왕광과(大王光戈) 239,240
도성(都城) 30
두목(杜牧) 55
두우(杜佑) 57

(ㅁ)

마릉(馬陵) 50
마찌다 사부로우(町田三郎) 59
명조(鳴條) 230
「모공」(謀攻) 33,34
목야(牧野) 231
무강(武剛) 229
'무경칠서'(武經七書) 55,57,58,133
『무경칠서직해』(武經七書直解) 58

무상흑(武常黑) 24
무수(武邃) 228
무왕(武王) 231
문자금(文子禽) 245

(ㅂ)

박전(薄田) 230
반간(反間) 191,193,194,196
방진(方陣) 25,42
배군(北軍) 156,158
배수진(背水陣) 36
백거(柏擧) 241
백제(白帝) 145,229
범려(范蠡) 244,245,246,247
『범려』(范蠡)「이편」(二篇) 247
범씨(范氏) 212,213
「병권모가류」(兵權謀家類) 44
「병세」(兵勢) 38,93,101
『병책』(兵策) 57
부차(夫差) 24,25,30,37,172,245,246,
   247
분진합격(分進合擊) 작전 27
붕군(崩軍) 156,157
비지(圮地) 164,165,166,176

（人）

사간(死間) 193,194,196

『사기』(史記) 13,35,43,49,50,52,144,
　　　172,174,200,230,231

『사기』「손자오기열전」 13,39,44

『사기』「월왕구천세가」 245,246

『사기』「준음후열전」 36

사대(射臺) 239

『사마법』(司馬法) 55,74

사마양저(司馬穰苴) 205

사마천(司馬遷) 16,43,54

「사변」(四變) 47

사수(泗水) 31,245

사지(死地) 36,64,136,138,164,165,166,
　　　175,176,234

산지(散地) 35,36,164,165,168,176

상당(上堂) 24

상산(常山)의 뱀 171

생간(生間) 193

『선진한삼국』(先秦漢三國) 59

『설원』(說苑)「신술」(臣術) 247

성백효 58

성복(城濮)의 싸움 17

성하(城下)의 맹(盟) 30

「세비」(勢備) 48

소읍(巢邑) 28

소진(疏陣) 42

『속고일총서』(續古逸叢書) 58

속전속결 33,73,75,76,80,165

손무(孫武) 13,14,15,16,17,22,23,27,
　　　29,31,32,33,34,38,39,43,44,45,
　　　46,47,48,49,50,51,52,53,55,58,
　　　60,62,67,70,73,74,84,92,94,98,
　　　101,102,108,111,112,114,118,
　　　120,121,122,124,125,128,129,
　　　130,131,132,136,142,153,154,
　　　158,163,164,170,171,172,174,
　　　176,178,179,181,183,184,187,
　　　191,192,198,200,201,202,203,
　　　204,205,206,207,208,209,210,
　　　211,212,214,217,218,219,225,
　　　234,237,238,239,241,242,243

『손무자직해』(孫武子直解) 58

손빈(孫臏) 16,23,39,43,45,47,48,49,50,
　　　51,52,53,70,98,113

『손빈병법』(孫臏兵法) 39,41,42,43,47,
　　　48,49,52,70,98,168

『손빈병법』(孫臏兵法)「십진」(十陳) 23,
　　　42,48

손성연(孫星衍) 57

『손오병서』(孫吳兵書) 59

『손자병법』(孫子兵法) 5,6,7,13,16,32,
　　　34,35,37,38,39,40,43,45,46,47,
　　　49,50,51,52,53,54,55,56,57,58,
　　　59,63,67,92,129,171,176,191,
　　　199,205,225,243,244,248

『손자병법석의』(孫子兵法釋義) 59

『손자십가주』(孫子十家注) 11,57,62,80,
　　　94,99,150,160,176,184,194

『손자역주』(孫子譯註) 59

'솔연'(率然) 171

송(宋)나라 19, 55, 245

송나라 양공(襄公) 19

'송나라 양공의 어짊'〔宋襄之仁〕 20

수진(水陣) 42

수진(數陣) 42

『순자』(荀子)「의병」(議兵) 53

「시계」(始計) 51, 61

식읍(食邑) 30

신공무신(申公巫臣) 214

『삼략』(三略) 55

『십가손자회주』(十家孫子會注) 57

『십일가주손자』(十一家注孫子) 57

(ㅇ)

안(鞍)의 싸움 17

안행진(雁行陣) 42

애릉(艾陵) 30

'애형'(隘形) 154, 155

『앵전본』(櫻田本) 58

양동(佯動) 작전 27, 68, 120

양웅(楊雄) 244

양자강(揚子江) 21, 23, 30, 32, 40, 172

『양자방언』(楊子方言) 244

양평(襄平) 227

어린진(魚鱗陣) 42

여수(汝水) 245

여아(呂牙) 197

연(燕)나라 31

연택(緣澤) 228

염택(鹽澤) 229

영(郢) 땅 16, 28, 29, 241, 242

오기(吳起) 13, 53

오(吳)나라 13, 16, 21, 22, 23, 25, 26, 27, 29,
        31, 32, 34, 36, 38, 43, 49, 50, 51, 52,
        119, 170, 171, 172, 204, 209, 238,
        239, 240, 241, 242, 243, 244, 245,
        246

「오문」(吳問) 47

『오손자병법』(吳孫子兵法) 44, 50, 53, 56

오수몽(吳壽夢) 21

『오자병법』(吳子兵法) 55, 65, 108

오자서(伍子胥) 13, 22, 24, 27, 31, 67, 170,
        172, 208, 243, 247

왕손락(王孫雒) 37

「용간」(用間) 33, 191

용(龍)의 들 225

우왕(禹王) 230

『울료자』(尉繚子) 55

『울료자』(尉繚子)「장리」(將理) 54

「웅빈성」(雄牝城) 40

원진(圓陣) 42

'원형'(遠形) 154, 155

월(越)나라 31, 32, 37, 49, 50, 51, 52, 118,
        119, 171, 172, 208, 209, 238, 244,
        245, 246

「월전」(月戰) 48

『월절서』(越絶書) 238,240

위(衛)나라 17,53

위(魏)나라 무제(武帝) 44,54

위씨(魏氏) 212,213,215

위왕(威王) 39,49,52

「위왕문」(威王問) 48,52

'위지'(圍地) 136,138,164,165,166,175,
176

유인(劉寅) 58

유향(劉向) 213

『육도』(六韜) 55

육읍(六邑) 27

은(殷)나라 22,196,197,231

은작산(銀雀山) 46,201,243

『은작산한묘죽간(銀雀山漢墓竹簡) 손빈
병법(孫臏兵法)』 47

『은작산한묘죽간(銀雀山漢墓竹簡) 손자
병법(孫子兵法)』 47

'이군'(弛軍) 156,157

『이위공문대』(李衛公問對) 55

이윤(伊尹) 197

이읍(夷邑) 27

'인간'(因間) 194

임기응변 21,67,69,138,185,224,225

(ㅈ)

자공(子貢) 247

자상(子常) 24

잠읍(潛邑) 27

장강(長江) 245

장경(長卿) 13

'쟁지'(爭地) 164,165,176

적제(赤帝) 225

전기(田忌) 52

전상(田常) 247,248

전서(田書) 13

전제(專諸) 170,243

'정병'(正兵) 104

제(齊)나라 13,14,16,17,22,30,31,43,49,
50,52,79,170,203,217,244,246,
247

제나라 간공(簡公) 247

『제손자병법』(齊孫子兵法) 44,46,50,52

조귀(曹劌) 170

조(趙)나라 31

조씨(趙氏) 212,213,216,217

조조(曹操) 44,54,65

『좌전』(左傳) 45

『좌전』「정공 4년」 24

『좌전』「희공 28년」 25

주군(朱軍) 59

'주군'(走軍) 156

주(周)나라 21,25,197,245

주(邾)나라 30

주래(州來) 31

주왕(紂王) 231

죽간(竹簡) 47,50,51,52,243

『중국고병서명저정화문고』(中國古兵書

名著精華文庫) 59

중산(中山) 31

중원(中原) 17,18,20,21,22,23,24,29,31,
　　32,40

'중지'(重地) 164,165,166,168,175,176

중항씨(中行氏) 212,213,215

지씨(智氏) 212,213,215,216

'지피지기'(知彼知己) 33

'지형'(支形) 154

「지형이」(地形二) 47

「진기문루」(陳忌問壘) 48

진(陳)나라 13

진(晉)나라 16,17,23,25,37,38,212,213,
　　214,215,216,217,244

진(秦)나라 22,31

진성자(陳成子) 247

추행진(錐行陣) 42

취리(檇李) 31

'치이자피'(鴟夷子皮) 247

(ㅌ)

탕왕(湯王) 230

『통전』(通典) 57

'통형'(通形) 154

(ㅍ)

「팔진」(八陳) 39,42

평원(平原) 227

『평진관총서』(平津館叢書) 57

(ㅊ)

「찬졸」(篡卒) 48

채(蔡)나라 28

'천리려'(千里廬) 238

청(淸)나라 57

청제(靑帝) 145

초(楚)나라 16,17,19,21,22,23,24,27,28,
　　29,31,32,53,172,208,209,239,
　　240,241,242,244,245,246

초나라 소왕(昭王) 242

초나라 평왕(平王) 245

(ㅎ)

하(夏)나라 196,197

한구(邗溝) 30

한(漢)나라 36,44,49,50,54,243,244,247

한(漢)나라 무제(武帝) 50

『한문대계』(漢文大系) 57

『한비자』(韓非子)「오두」(五蠹) 54

『한서』(漢書)「예문지」(藝文志) 44,49,50

『한서』(漢書)「예문지.권모류」(藝文志.權
　　謀類) 247

한신(韓信) 36

한씨(韓氏) 212

'함군'(陷軍) 156, 157

합려(闔閭) 13, 14, 15, 21, 27, 30, 31, 47, 49,
　　　　53, 67, 170, 172, 176, 200, 201, 206,
　　　　207, 208, 209, 210, 211, 212, 213,
　　　　214, 238, 239, 240, 241, 242, 243

「허실」(虛實) 34, 51

'험형'(險形) 154, 155

현양진(玄襄陣) 42

현읍(弦邑) 27

홍수(泓水) 19

화진(火陣) 42

황제(黃帝) 144, 225, 226, 227, 228, 229,
　　　　230, 231, 232

「황제벌적제」(黃帝伐赤帝) 47

황지(黃池) 25, 31, 37

회계산(會稽山) 32

『회남자』(淮南子)「병략훈」(兵略訓) 63

회하(淮河) 30

흑제(黑帝) 145

흠수(欽邃) 231

슬기바다 09

손자병법(孫子兵法)

초판 1쇄 발행일   1999년 06월 01일
개정판 1쇄 발행일   2005년 04월 22일
신개정판 1쇄 발행일 2022년 09월 30일

지은이   손무(孫武)
옮긴이   유동환

발행인   이지연
발행처   도서출판 홍익
출판등록번호   제 2020-000321 호
출판등록   2020년 08월 24일
주소   서울시 마포구 독막로18길 12, 2층(상수동)
대표전화   02-323-0421
팩스   02-337-0569
메일   editor@hongikbooks.com

ISBN   979-11-91805-09-3 (04140)
          979-11-91805-07-9 (세트)